Herzliche Widmung für:

NUR WAS DICH BEWEGT, LEBT! 8

DIE RE-EVOLUTION 10

DIE ZEIT IST REIF 12
INNERE WERTE 13
DIE SPIRITUELLE REVOLUTION 14

DEINE REVOLUTION 15

DIE RATIO- 18

REVOLUTION 18

WENN DER VERSTAND FÜHLEN IMITIERT 18
DEN VERSTAND REVOLUTIONIEREN 20
GEHEIMSACHE EGO 22
DER ANFANG DES EGO'S 26
EGO UND IDENTITÄT 28
DAS IDENTITÄTEN-,WAFFENARSENAL' 30

VON DER RAUPE 31

ZUM 31

SCHMETTERLING 31

DER SCHMETTERLING KANN NICHT LESEN 35

DAS LÖWEN-BEWUSSTSEIN 39

WESHALB? 40
DAS MÄUSE-BEWUSSTSEIN 40
WESHALB? 42
UND DIE MENSCHEN? 43
HEUTE STEHEN WIR AM SCHEIDEWEG 44
DER MENSCHLICHEN ENTWICKLUNG 44
WIR ERZIEHEN UNSERE KINDER IMMER ZU DEM 46
BEWUSSTSEIN, IN DEM WIR UNS SELBST BEFINDEN 46
DAS NEUE BEWUSSTSEIN, VON DEM ALLE REDEN, ... 47

IST DAS LÖWENBEWUSSTSEIN! 47
WAS PASSIERT, WENN DU DICH HEUTE ZUM 49
LÖWENBEWUSSTSEIN ENTSCHLIEẞEN WÜRDEST? 49
DAS LÖWEN-BEWUSSTSEIN UND DIE LIEBE 50

TAKE IT EASY 53

SCHLUSS MIT 57

DER ANGST 57

WIE BEWÄLTIGE ICH MEINE ÄNGSTE IM ALLTAG? 58
DER ‚BAUM DER ANGST' 58
DIE ANGST VOR DER ANGST 60
BEISPIEL LAMPENFIEBER 62
WIE MAN ANGST INTEGRIERT 63

OPFER UND TÄTER 67

EIN PARADOXON 67

INTELLIGENZ KONTRA IGNORANZ 71

VORGETÄUSCHTE INTELLIGENZ BEHERRSCHT DIE WELT 71
DER VERGLEICHER 73

ESOTERIK IST NICHT ESOTERISCH 74

STATEMENT ZU TORÖFFNUNGEN UND 75
BESTIMMTEN KONSTELLATIONEN DER NEUEN ZEIT 75

SEKTEN 81

DAS SEKTEN-THEMA AUS SPIRITUELLER SICHT 82
ABSOLUTHEITSANSPRUCH 82
REGLEMENTIERUNG DES ALLTAGS 84
ZEITLICHE EINBINDUNG 84
‚HEILIGE' BÜCHER 85
INSIDERSPRACHE 86
ELITEMENTALITÄT 86

Kritikunfähigkeit 86
Feindbilder 87
Personenkult 87
Das Gottunverständnis 88
Sektierer glauben so etwas wie 89
die absolute Wahrheit zu besitzen. 89

SAGTE ICH EIGENTLICH SCHON... 91

DIE 7 WELTRELIGIONEN – 7 GRÜNDE FÜR GEISTIGE UMNACHTUNG... 92

Die 7 Weltreligionen 94
Gott in Dir 98

ECHTE SPIRITUALITÄT 102

UND RELIGION 102

Spiritualität ist also Herzenssache! 103

WAS IST BESCHEIDENHEIT? 104

DENKEN (MACHT) 111

BESCHRÄNKT 111

Gedanken sind immer begrenzend 112
für die Wirklichkeit 112
Achtung Revolution! 120

EIN MEISTER SIEHT 123

TÄGLICH ALLES NEU 123

BE WHAT YOU ARE – SEI DU SELBST 129

Leben ohne Sünde 129
Ich plädiere für eine ‚Re-Evolution'! 130
Sterben ist manchmal gar nicht so schlecht 132
Du musst so sein, wie ich es will! 134

Gautama Buddha's letzte Worte 135

GERECHTIGKEIT 137

Gerechtigkeit ist genauso relativ wie Wahrheit 139

GELASSENHEIT, HEITERKEIT, LIEBE 141

UND FREIHEIT 141

Nur wer frei ist, kann gelassen sein 143
Das verlorene Lachen 143

LEBEN OHNE BEWERTUNG 146

In Einklang Sein 146

EINSAMKEIT ODER ALLEINSEIN 153

ODER ‚ALL-EINS-SEIN' 153

Ursache und Lösung der Einsamkeit? 153
Einsamkeit 161
als sozialpsychologische Kategorie 161

ORIENTIERUNG 164

Die Sucht nach Referenzpunkten 164
Desorientiert vor lauter Orientierung 166
Die Dosis macht das Heilmittel 169

AGGRESSION 173

UND LIEBE 173

SIND EINS 173

Aggression 179
Aggression in der Familie 180
Subtile Aggression 181
Selbstaggression 182

Aggression verstehen 185
Aggression neutral betrachtet 185
Aktive und passive Aggression 185
Folgen unterdrückter neutraler Aggression 186
Umgang mit und Auflösen von Aggression 187
Aggression begegnen 188

SCHULD UND VERGEBUNG 189

FAMILIE – HEIRAT 193

KINDER - TRENNUNG 193

Ehe und Sicherheit 195
Ehe und Sex 196

FREIHEIT ? 203

Philosophie 204
Alltag 206

SEX UND SPIRIT 209

GEHT DAS ? 209

Welche Stellungen sind erlaubt? 211

WANN SIND 213

HEILMITTEL 213

SINNVOLL? 213

Wo muss angesetzt werden um 214
gesund zu werden oder zu bleiben? 214
Ich vergleiche den Menschen 215
mit einem Computer... 215
Wie gelangen denn eigentlich sogenannte 216
Computerviren in einen Computer? 216
Heilmittel sind also dann sinnvoll... 217

Das beste Heilmittel... 218
Die beste Ernährung 219
Die besten Aussichten... 220

ES IST, WIE ES IST **221**

DIE VERIRRTE MENSCHHEIT **225**

Das Auftauchen eines Engels...............................226
Vom magischen Energiedrittel 228
bis zur Erleuchtung 228
Die Engel sind näher als Du denkst... 229

WESHALB DU KEINEN WUNSCH BEI EINER GUTEN FEE FREI HAST **231**

STILLE **237**

DIE SPRACHE **237**

DES FREIEN GEISTES..**237**

Du willst etwas Besonderes sein?.........................238
Wie wird man still und 241
wie kann ich lieben lernen ?...............................241
Der innere Kreis 242
Alte Sprache – neue Sprache 244

SPIRITUELLE **247**

ENTFALTUNG **247**

BIS HIN ZUM ZIEL **247**

SCHLUSSWORT **259**

INFORMATIONEN **260**

NUR WAS DICH BEWEGT, LEBT!

Dieses Büchlein wird Dich möglicherweise schockieren, ärgern, zum Lachen oder auch zum Weinen bringen... Wenn es aber nichts mit Dir tut, dann wirf es weg!

Es handelt sich hier nicht um esoterisches Gedankengut und auch nicht um religiöse Spiritualität. Es geht nicht darum, dass Du am Ende der Lektüre glauben sollst, was ich glaube und auch nicht um sonst irgendeine Form der Indoktrination oder des Überzeugen-Wollens. Es geht um Evolution. Und spirituelle Evolution geht meist mit Revolution einher. Ja, ich will eine innere Revolution in Dir erwecken, welche alles Dagewesene in Frage stellt. Vieles von dem, was Du bereits erfahren hast, werde ich, vielleicht als Einziger, bestätigen. Anderes wiederum, was Dir möglicherweise jeder andere bestätig, werde ich in Frage stellen.

Du darfst wütend über mich werden, mich auslachen und Dich über mich erheben. Ja, Du kannst mich verfluchen oder Du beginnst mich zu lieben. Beides ist o.k. Wenn ich aber keine Reaktion in Dir auszulösen vermag, dann waren meine Worte nichts weiter als eine schöne Predigt. Dann haben sie keinen Inhalt gehabt und nicht von etwas Wesentlichem berichtet.

Damit meine Worte jedoch ihre Wirkung - das Wesentliche - entfalten können, brauche ich etwas Wesentliches von Dir. Das Wesentliche von Dir ist Deine Offenheit und Deine Bereitschaft verstehen zu wollen. Du musst den Mut aufbringen, Dich von Deiner verletzlichsten Seite zu zeigen, nur dann kann es mir gelingen, Dein tiefstes Sein zu berühren und es auch zu bereichern. Ansonsten kann ich Dir leider nichts geben und Du kannst Dir die Mühe sparen, Dich durch meine Worte hindurch zu kämpfen.

Ich schreibe kompromisslos. Das heißt aber nicht, dass ich kompromisslos bin! Ich weiß, dass jeder Leser meine Worte an sein Bewusstseinsraster angleichen wird und jeder die Dinge so verstehen wird, wie er sie verstehen will. Das kann sehr unterschiedlich sein. Um mich aber wirklich zu verstehen, solltest Du beim Lesen in das höchst mögliche Bewusstsein eintreten, welches Dir gegenwärtig zur Verfügung steht. Vieles von dem, was ich sage, klingt paradox und scheint voller Widersprüchlichkeiten zu sein. Ich bin gespannt, wie Du damit umgehst.

Wiederholungen, die in den Unterlagen vorkommen, sind beabsichtigt. Dabei handelt es sich um wichtige Punkte, welche im jeweiligen Zusammenhang erneut an Bedeutung gewinnen.

Viel Spaß!

DIE RE-EVOLUTION

Eine spirituelle Evolution geht immer mit einer gewissen Revolution einher. Denn alles, was eine Evolution behindert, wie: vermeintliches Wissen, Tradition, Religion, Nationalstolz usw. muss re-evolutioniert werden. Revolution fühlt sich nur deshalb zerstörerisch und negativ an, weil man sie uns mit allen Mitteln austreiben wollte. Revolution schafft Unruhe. Sie ist unbequem. Mit der Zeit wirst Du feststellen, dass sich in der Gesellschaft alles, aber auch wirklich alles, um Bequemlichkeit dreht. Deshalb versucht man die Menschen mit allen Mitteln gefügig zu machen. Keiner ist wirklich daran interessiert, dass Du bist, wer Du bist. Was sie wollen sind: gehorsame Soldaten, gläubige Schäfchen, treue Anhänger, verlässliche Steuerzahler, zuverlässige Arbeitssklaven, zahlungswillige Kundschaft, angepasste Kinder und unterwürfige Ja-Sager. Jesus war ein Revolutionär, genau wie Buddha, Leonardo da Vinci, Jules Vernes, Konfuzius, Platon, Sokrates, Siddharta, Seneca, Nicola Tesla und viele andere... Spirituelle Revolutionäre haben sich immer einer Vision verschrieben, die von Liebe, Weisheit und Dienst am Nächsten geprägt war. Sie waren deshalb unbequem, weil sie Veränderung mit sich gebracht haben und noch immer bringen. Natürlich sagt jeder gerne, dass Veränderung etwas Tolles, etwas Lebendiges sei. Zumindest so lange, wie es die anderen betrifft. Aber sobald es darum geht, dass man auch sich selbst ändern müsste, um der Zukunft nicht im Weg zu stehen, blocken sie. An äußere Revolution dachten sie und hofften, sie könnten nun in der Welt für etwas kämpfen. Aber ich spreche nicht von einer gewaltbereiten äußeren, sondern von einer spirituellen, friedfertigen inneren Revolution.

Ein solcher Revolutionär verwirklicht seine Vision von der Welt, in welcher er leben möchte, zuerst in sich. Dadurch bringt er schon genug in Bewegung. Später dann, wenn er seine Vision in sich selbst zur Vollendung gebracht hat, wird er in der Lage sein, die Welt zu verändern. Einzig sein Da-Sein, seine Präsenz verändert die Welt.

Revolution ist immer auch eine gewisse Auflehnung gegen vorherrschende Normen, Strukturen und Regeln. Der weise Revolutionär lehnt sich jedoch nicht generell gegen alle Struktur auf, sondern bloß gegen ausgewählte, essenzielle Normen, welche in der Folge die geistige Evolution der Menschen verhindern oder gar verunmöglichen. Er ist kein Teenager der grundsätzlich dafür ist, dass man dagegen ist. Er verteidigt kein Image und will keiner Gruppe angehören. Er genießt völlige Freiheit und ist mit dem Leben und sich selbst - im Gegensatz zum Teenager - im Reinen. Er zwingt andere nicht, seine Sprache zu sprechen um verstanden zu werden, er lernt die Sprache der anderen um sie zu verstehen. Nur so - wenn er die menschlichen Grundstrukturen kennt - kann er sich gezielt ausdrücken und effizient handeln. Innerer Friede und Gelassenheit sind genauso Zeichen eines spirituellen Revolutionärs wie sein Sinn für Humor und seine Toleranz gegenüber Andersdenkenden. Und gerade weil er so zentriert ist, kann er es sich leisten, andere auf gewisse Miss- und Umstände hinzuweisen ohne selbst aus der Bahn geworfen zu werden. Er kämpft nicht im üblichen Sinne, sondern er weist auf etwas hin. Er ist nicht emotional, sondern gefühlvoll und er befindet sich nicht in Sorge, sondern in Zuversicht bezüglich der Zukunft. Er ist nicht von Angst, sondern Hoffnung geleitet. Das sind wesentliche Unterschiede, welche im ersten Moment vielleicht nicht als solche erkannt werden, aber sie existieren.

Die Zeit ist reif

Die Zeit ist reif für großartige Veränderungen, die uns allen, unseren Kindern und der Welt ungeahnte Möglichkeiten eröffnen können. Das Ziel ist eine friedliche Gemeinschaft aller Völker, Länder und Nationen. Ein Leben in vollkommener gegenseitiger Wertschätzung. Dies nämlich ist die Voraussetzung um in die existierende universelle Gemeinschaft weltenübergreifender Menschheiten aufgenommen zu werden.

Hier beginnt möglicherweise bereits für den einen oder anderen die Revolution.

Wenn man glaubt, dass wir die einzigen Menschen im Universum sind, dann sollte man dies dringendst überdenken. Zu glauben, wir seien die einzigen intelligenten Lebewesen im Universum, ist wie zu glauben, dass es keine Elektrizität gibt, nur weil wir sie nicht sehen. Längst ist bekannt, dass die unsichtbaren Dinge, welche uns umgeben, dennoch existieren. Elektromagnetische Schwingungen, Radiowellen, Röntgenstrahlen, Magnetfelder, Ultraviolett, Infrarot usw... Aber auch um diese Dinge wahrnehmen, erforschen und beherrschen zu können, bedurfte es einer gewissen geistigen Entwicklung. Zuerst waren es nur wenige Menschen, welche eine solche aufweisen konnten, doch nach und nach folgte ihnen – mehr oder weniger – die gesamte Menschheit. Natürlich macht Neues auch Angst. Aber ist dies Grund genug um Menschen wie Jesus zu kreuzigen oder andere Meister und Visionäre auszubeuten, zu verleumden, in den Wahnsinn zu treiben oder sie und ihre Erfindungen zu missbrauchen? Ich denke nicht. Aber wenn Angst mit Dummheit und Machtgelüsten gepaart ist, dann wird es gefährlich. Das ist eine sehr explosive Mischung menschlicher Schwächen.

Deshalb ist die spirituelle Revolution eine Revolution gegen die allgemeine Verdummung und Ignoranz. Keiner, der sich halbwegs intelligent schätzt, hat etwas zu befürchten. Und selbst wenn – wieso etwas fürchten, was einem gut tut? Wieso etwas fürchten, was unseren Kindern gut tut? Wieso etwas fürchten, was unseren irdischen Fortbestand gewährleistet? Sollten wir nicht eher jene Dinge fürchten, welche uns Leid und Zerstörung bringen? Also müssen wir zuallererst all jene Glaubenssätze in uns revolutionieren, welche einen tatsächlichen Fortschritt der Menschheit als Gesamtes verhindern. Ja, Du musst ausbrechen aus dem Gefängnis der Indoktrination, ausbrechen aus dem Egoisten-Kreislauf: Macht-Geld-Ruhm.

Innere Werte

Damit sage ich jedoch nicht, dass Du weder das eine noch das andere besitzen darfst, ganz im Gegenteil! Du sollst sowohl Geld wie auch Macht und wenn Du möchtest, auch Ruhm besitzen. Aber um den richtigen Umgang damit zu finden, darfst Du es nicht anstreben. Sonst kannst Du diese Dinge nicht ergreifen, sondern sie werden, sobald Du in deren Besitz bist, Dich ergreifen. Sie werden Dich zu ihrem Sklaven machen und Du wirst unglücklicher sein als je zuvor. Strebe nach Weisheit, Mitgefühl und Hingabe. Erlaube

Dir vorerst zu reifen und wenn Deine inneren Werte, Dein inneres Vermögen, Deine innere Macht und Dein innerer Ruhm gediehen sind und sich entfalten, dann findet weltlicher Überfluss ganz natürlicherweise den Weg zu Dir. Jedoch läufst Du jetzt nicht mehr Gefahr, deren Sklave zu werden. Es ist der sicherere Weg. Allzu viele gute Menschen sind daran gescheitert, dass sie zu Sklaven ihrer eigenen Macht und des Geldes geworden sind. Begehe Du nicht denselben Fehler und bevorzuge daher stets die inneren Werte.

Die spirituelle Revolution

Die spirituelle Revolution wird sein, dass künftige Meister und Meisterinnen nicht mehr der Armut und Bescheidenheit – dem herkömmlichen Sinne nach – verpflichtet sein werden, sondern ebenfalls in Überfluss zu leben fähig sind. Denn nicht jeder Weise verzichtete aus reiner Bescheidenheit auf materiellen Reichtum, sondern oft auch deswegen, um seiner Gefahr nicht ausgesetzt zu sein. Auch werden sie sich nicht mehr wie früher, 'hinter-den-sieben-Bergen', im Himalaja oder sonst irgendwo in einer Höhle oder einem Tempel verstecken, sondern sich inmitten Deiner Welt aufhalten. Sie werden Deinen Weg kreuzen, Dich unterstützen und Dir helfen, auch wenn Du sie nicht immer bemerkst. Aber sie werden unmittelbar da sein. Ja, sie sind es bereits!

Die Meister und Meisterinnen der neuen Zeit werden 'mal laut und 'mal leise sein, 'mal arm und 'mal reich, 'mal stark und 'mal schwach. Sie werden sein wie Du und doch irgendwie anders. Du erkennst sie an ihren Augen, sie leuchten.

DEINE REVOLUTION

Deine ganz persönliche Revolution ist genau dort gefragt, wo Du gerade stehst. Du selbst kannst an der gegenwärtig stattfindenden, globalen Revolution mitwirken. Wie? Indem Du nicht mehr den alten traditionellen Werten folgst; zumindest den meisten von ihnen nicht. Zuallererst wende Dich vom 'konfessionellen Glauben' ab und hin zu Gottvater und Gottmutter. Wende Dich hin zum Universum und seiner Schöpferkraft, welche in Deinem Herzen, schon seit Ewigkeiten, Heimstatt genommen hat. Entwickle wieder so etwas wie Selbstvertrauen. Dies hat nichts mit Egoismus zu tun, sondern damit, dass Du Dich wieder Deinem wahren Selbst zuwendest und auf Dein Gefühl vertraust!

Trau Dich ‚Ja' zu sagen, wenn Du ‚Ja' fühlst und ‚Nein', wenn Du ‚Nein' fühlst. Lebe nicht mehr gemäß gesellschaftlicher Vorgaben, sondern folge dem Ruf Deines Herzens. Immer. Nimm im Besonderen dann keine Rücksicht, sollten Deine persönliche Integrität und Wahrhaftigkeit gefährdet sein. Lebe wahrhaftig. Lebe Dein Leben und gib Dich dem Leben wieder voll und ganz hin! Wenn dies keine Revolution ist?! Gehe nicht einfach einem Job nach, verwirkliche Deine Berufung. Triff Dich nicht mit Menschen, an denen Dir nichts liegt. Einerlei ob sie Fremde, Freunde oder Verwandte sind. Iss nicht nach der Uhr, sondern nach Deinem Hunger. Bete nicht irgendeinem heiligen Buch nach – jedes Gebet ist einmalig, finde Deine eigenen. Lass Deinen Alltag zum Gebet, zur Meditation werden. Beten und Meditieren sind nicht Dinge, die man tun kann, es ist ein Bewusstsein, in dem man Sein kann. Lass alles, was künstlich ist beiseite; all die ‚wünschenswerten Tugenden', lass sie Deiner Echtheit zuliebe weichen. Sei authentisch. Sei wütend, wenn Du wütend bist und sei fröhlich, wenn Du fröhlich bist. Höre auf, Dich in irgendeiner Form zu verstellen und lerne mit dem Leben, so wie es ist, umzugehen. Sei rücksichtslos authentisch und Du wirst staunen, was daraus alles entstehen wird...! Überlege es Dir gut, ob Du Dein ganzes Leben zugunsten einer Pension und für ein ruhiges Alter investieren möchtest, oder nicht doch lieber am Leben teilnimmst. Möglicherweise bist Du ‚gegen alles' versichert: Lebensversicherung, Haftpflichtversicherung, Unfallversicherung, Krankenversicherung, Invalidenversicherung, Altersversicherung etc. gut und recht, aber eines solltest Du wissen: Für das Leben gibt es keine Versicherung. Entweder Du lebst es jetzt, oder gar nicht. Und wenn das keine Revolution ist, dann überlege mal... Lebst Du möglicherweise in einer Beziehung? Vielleicht sogar in einer, die schon lange mehr Ärger als Freude beschert? Gut, dann also gleich weiter, ändere das! Gut, gut, ich lass Dich ja schon in Ruhe, aber ich wollte es einfach gesagt haben. Ich will, dass Du weißt, dass es auch Deine persönliche Revolution gibt und Du viel für die Welt tun könntest, wenn Du sie nicht fürchten würdest. Du brauchst ja nicht gleich alles auf einmal zu verändern, aber doch wenigstens schrittweise in die für Dich richtige Richtung zu gehen würde Dir bestimmt nicht schaden... Selbstredend gelten diese Worte natürlich nicht für glückliche Menschen. Solltest Du morgen sterben, überlege Dir, ob Dein letzter Erdentag (heute) so war, dass Du sagen kannst er habe sich gelohnt. Sonst hm... viel Vergnügen.

Alles, was uns daran hindert das zu leben was wir sind ist: unser Ego.

DIE RATIO-REVOLUTION

Der Verstand will Dich immer wieder davon überzeugen, wie genial er sei und gibt vor, die Revolution anzuführen. Aber, dies stimmt nur rational gesehen. In Tat und Wahrheit aber ist es der Verstand selbst, welchen wir revolutionieren müssen. Dieses Unterfangen wird bestimmt das schwierigste sein.

Ich will nun aber keine tief schürfende Analyse des Verstandes erstellen, sondern bloß auf den Umstand hinweisen, dass die Aufgabe des Verstandes, der Ratio, das Rationalisieren ist. Und was rationalisiert dieser wohl zuerst? Genau: das Fühlen. Und somit eigentlich Dich selbst, das, was Dich im Wesentlichen ausmacht, Deine Einzigartigkeit. Der Mensch ist nicht Mensch, weil er denkt, sondern weil er fühlt! Ich will jetzt nicht die berechtigte Frage aufwerfen, ob wir wirklich fühlen oder ob wir bloß denken, dass wir fühlen, aber eines ist sicher: Fühlen ist um einiges wirklichkeitsnaher als denken.

Wenn der Verstand fühlen imitiert

Damit die Verstandesfalle noch undurchschaubarer wird, versucht er das Fühlen zu imitieren. Imitierte Gefühle äußern sich als Emotionen. Sie haben nichts, aber auch gar nichts mit der Sanftheit tatsächlichen Fühlens gemein. Im Gegenteil. Emotionen überfallen die Menschen, wie ein Feind aus dem Hinterhalt. Sie fallen unvermittelt, unkontrolliert und wild durcheinander über die Menschen her und bringen sie völlig durcheinander. Manchmal vermögen sie sogar, die Menschen fast des Verstandes zu berauben. Das Ganze wird völlig unkontrollierbar. Der Verstand schafft es also, etwas dem Gefühl Ähnliches zu erschaffen, dessen Kontrolle er jedoch selbst blitzartig verliert. Warum kann er seine eigenen Kreationen nicht kontrollieren? Tja, weil der Verstand nicht in der Lage ist, mit Energien, welche nicht rational sind, umzugehen. Und er ist auch nicht dazu gedacht.

Die Feindschaft zwischen dem Verstand und dem Herzen begann schon vor sehr langer Zeit. Damals, als der Mensch sich entschieden hat zu glauben, dass er von Gott getrennt sei; damals hat es begonnen. Das Herz hat sich jedoch niemals vom Ursprung abgetrennt und ist auch heute noch auf´s Innigste mit ihm verbunden. Deshalb wird es ein Gedanke auch niemals schaffen, dieselbe Intensität, Klarheit und Authentizität zu erreichen, wie es ein Gefühl vermag. Ich sage: Gefühl - nicht Emotion. Emotionen bleiben stets an der Oberfläche. Tiefe täuschen sie nur durch ihre Wildheit vor. Alles was wild und ungestüm ist, bewegt sich an der Oberfläche, so wie die Wellen des Ozeans niemals die Tiefe des Meeres erreichen können. Je tiefer, desto stiller.

Dem Verstand zu folgen, macht Dich zum Versager, dem Herzen zu folgen, macht Dich zum Verliebten. Ja, langfristig gesehen vermag Dir nur die Liebe den Weg zum Ziel zu weisen, das Herz; den Kern der Sache erkennt man immer im Herzen und nicht im Verstand. Der Verstand kann es zwar wissen, aber nicht erleben. Wenn Du dies nun jedoch rein verstandesmäßig liest, dann weißt Du nicht, wovon ich hier spreche. Lässt Du Deinem Herzen jedoch genug

Raum, so wird es verstehen können, was ich meine. Das Leben und die Weisheit des Lebens ist nämlich nicht faktisch, sondern sinngemäss. Das Leben ist so individuell wie die Liebe selbst und nicht so ein statisches, künstliches Gebilde, wie es der Verstand gerne hätte. Das Leben, die Liebe lässt sich nicht in ein Verstandesmuster einordnen. Es ist nicht in dem Sinne geordnet wie der Verstand Ordnung versteht. Die Ordnung des Lebens wird durch seine Vielfalt erstellt. Je vielfältiger, desto geordneter. Das heißt: Je näher Du dem wahren Leben kommst, desto unverständlicher wird es für die Ratio, für Deinen Verstand. Daher auch die weise Aussage: „Je mehr ich weiß, desto mehr weiß ich, dass ich nichts weiß."

Das Gefühl ‚Ich verstehe nicht...' ist also ein Zeichen dafür, dass Dein Verstand gerade mit dem Leben konfrontiert ist. Hier ist es angezeigt, dass Du einfach das Verstehen-wollen aufgibst und in den Augenblick eintauchst. Jetzt lebst Du...!

Den Verstand revolutionieren

Du musst also Deinen Verstand revolutionieren, bevor er Dich wegrationalisiert. Er hat seine Macht dermaßen über die Menschheit ausgebreitet, dass jeder der sich ihm und seiner Logik entgegenstellt, als Spinner bezeichnet wird. Heiler werden zu Scharlatanen diskreditiert, Visionäre zu Phantasten und Spiritualisten zu gefährlichen Fanatikern. Dabei gibt es bloß einen Fanatiker und der heißt: Verstand. Nur Verstandesmenschen haben bisher Kriege und anderes Unheil angezettelt, noch nie ein Herzensmensch!

Dem schlauen Verstand ist nicht mit Weisheit beizukommen. Nein, er muss den Untergang selbst erleben und wird erst am schmerzhaftesten Tiefpunkt erkennen, dass es an der Zeit ist, dem wahren Meister – dem Herzen – den ihm angestammten Platz wieder zu überlassen. Du siehst also, das Herz führt keinen Krieg gegen den Verstand um seinen Platz wieder einnehmen zu können. Die Strategie des Herzens ist ganz einfach und ebenso wirksam: Es geduldet sich. Es zieht sich in die Tiefe des Seins zurück und wartet geduldig, bis der Sturm an der Oberfläche zur Ruhe gekommen ist. Dann meldet es sich wieder liebevoll und sanft dem sich nun ergebenden Verstandesbewusstsein und führt es zurück zum Ursprung. Für Dein Herz ist der Verstand ein kleines Kind. Die Liebe weiß, dass es sich zuerst austoben muss, bevor es sich Gehör verschaffen kann. Das Herz liebt und liebte das Kind ununterbrochen und einerlei, was immer auch es gerade am Aushecken war oder ist. Es weiß, dass es sich nicht zu früh melden darf, da die Macht des Herzen in den Händen des Verstandes zu einer gefährlichen Waffe werden kann so, wie die Pistole in der Hand eines Kindes. Aber wenn sich das Herz wieder mit dem Verstand vereint, dann können wahre Wunder geschehen...

Der Verstand ist wie ein wildes Pferd, das Herz wird sich nicht in seine Nähe wagen, bis er sich beruhigt hat. Dann aber wird es das Pferd gänzlich bändigen und auf seinem Rücken die Menschheit zu einer neuen Hochkultur führen. Dieser Prozess wird es sein, welcher das goldene, neue Zeitalter begründen wird. Ein Zeitalter des Frieden, der Wertschätzung und Nächstenliebe. Und dann erst, wird es die wahren Schätze enthüllen. Wenn dies dann geschieht, werden die heutigen Erfindungen ziemlich prähistorisch anmuten. Dann wird man eines Tages mit Schmunzeln feststellen, dass die Menschen einst zum Telefonieren Handys gebrauchten und um andere, weit entfernte Länder zu besuchen, stundenlang in Flugzeugen sitzen mussten; ja, und um andere Planeten bereisen zu können, mussten sie Raketen bauen (...) Wie lustig...!

Geheimsache Ego

Warum ‚Geheimsache'? Na ja: Weil das Ego etwas ganz Großes geheim hält nämlich, dass es gar nicht existiert! Das menschliche Ego ist wohl die größte Illusion mit der größten Tragweite und dem wohl größten Konfliktpotenzial. Aber ‚schlecht'? Nein, schlecht ist das Ego nicht. Nichts von alledem, was man landläufig so über das Ego hört, stimmt. Es ist weder Fluch noch Segen. Allerdings ist es dennoch verantwortlich für die meisten Tragödien der Menschheit: für Eifersucht, Neid, Angst, Depression, Krieg und Verzweiflung. Größte Gefahr besteht auch in der Sucht des Egos zu vergleichen. Es vergleicht sich ständig, unkontrolliert und zwanghaft mit allem und jedem. Dass es sich als Resultat nur ‚schlecht' fühlen kann, ist die logische Schlussfolgerung und demnach nur selbstverständlich.

Dies ist so geheim, weil es nicht erkennen und preisgeben will, dass es eigentlich gar nicht existiert. Das Ego ist eine mentale Kreation, die uns vorgaukelt, dass wir Menschen von Gott getrennt seien. Als wir angefangen haben dies zu glauben, hat es aber nicht aufgehört mit seiner Vorstellung und uns weiter und weiter immer mehr von allem Möglichen abgespalten und in eine Welt von Trennung und Polarität geführt. Diese hochmaterialistische Lebensform, welcher ein Großteil der heutigen Menschheit verfallen ist, bedeutet den tiefsten Punkt des Verfalls einer einstmals hoch stehenden Zivilisation in die totale Isolation. Und genau das ist das Problem des Egos: Es wirkt heute wie eine Krankheit, wie Krebs und isoliert sich so lange, bis es selbst zugrunde geht – und Menschen mit ihm. Das Ego ist also eine Krankheit. Allerdings – und dies Gott sei Dank – bloß eine eingebildete. Vielleicht kannst Du Dir seine ‚Wirklichkeit' auch vorstellen als ein ‚Symptom', das uns darauf hinweist, dass etwas an unserer wahren Lebendigkeit ‚aus dem Lot' ist... Andererseits, wenn man bedenkt, dass eine solche Vorstellung, wie ein Ego – durch seine Art des Umgangs mit der Welt – in der Lage ist alles in Gefahr zu bringen, dann ist es an der Zeit, dass sich etwas ändert. Durchblick tut Not!

Selbst wenn die Menschen von Selbsterkenntnis, Selbstbewusstsein oder Selbstverwirklichung reden, so reden sie doch (meist!) nur von weiterer Entfaltung ihres Egos. Aber durchschauen, hm...?! Den Durchblick haben sie deswegen noch lange nicht. Klarsicht ist noch in weiter Ferne. Leider.

Zusammenfassend kann ich bis hierher also sagen, dass das Ego die Menschen von der Wirklichkeit trennt und in eine globale Illusion von: ‚Ich bin dies, nicht das.' entführt und dort gefangen hält.

Je mehr sich das Ego klar wird, was es nicht hat, desto mehr besteht es darauf, was es bereits besitzt. Je mehr es auf seinen Besitz pocht, umso deutlicher wird ihm, was ihm noch alles fehlt. Geld, Schönheit, Weisheit, Glück, Gesundheit, Freunde, Liebe, Talente usw. Nun beginnt es damit, einerseits seinen Besitz zu beschützen und zu verteidigen und andererseits damit, noch mehr von alle dem, was ihm erreichbar scheint, an sich zu raffen. Das Ego möchte alles besitzen und an sich binden und es tut es auch. So lange, bis es - ohne es zu bemerken - selbst gebunden und gefangen ist von der Gier nach noch mehr von all jenen Dingen, die ihm zum vollkommenen Glück ja doch niemals gereichen können. Es verstrickt sich mehr und mehr im nun aussichtslosen Kampf des Lebens, das für das Ego längst schon zu einem Überleben geworden ist. Doch so sehr es sich auch bemüht - es wird sterben. Alle Illusionen sterben früher oder später. Spirituell gesehen gilt als Tod nicht der Zeitpunkt des körperlichen Ablebens, sondern der Augenblick der Transformation des Egos. Insofern macht es wiederum Sinn zu wissen, dass nur jene sich als lebendig bezeichnen können, welche zuvor gestorben sind. Also, vor dem Leben kommt der Tod, nicht danach! Ich gestehe, dass ich manchmal eine eigenartige Sicht der Dinge pflege, aber vieles Unverständliche - vor allem Spirituelles - wird dadurch einfach klar. Alles ist immer eine Frage der Sichtweise und bestimmte Dinge kann man eben einfach erst von einem gewissen Standpunkt aus ‚recht' verstehen.

Nun, nach all den Egorevolutionen, welche für unzählige Kriege und noch mehr Verbrechen im kleinen Stil verantwortlich sind, ist heutzutage eine spirituelle innere Revolution gefragt. Es soll keine Revolution gegen das Ego sein, bitte versteht das nicht falsch, sondern es ist und wird eine Revolution für die Herzen sein. Die offenen - respektive durch Schmerz geöffneten - Herzen vieler tausender von Menschen sind nicht mehr gewillt, sich unterdrücken zu lassen. Auch wenn es für die meisten noch nicht offensichtlich ist, diese Revolution hat schon längst begonnen und beginnt die alten Egostrukturen überall aufzulösen. In Beziehungen: Die Frau lässt sich nicht mehr unterdrücken; in der Wirtschaft: Geschäfte ohne menschliche Inhalte zerfallen; in den Religionen: Gläubige fangen an zu denken und Fragen zu stellen und vor allem bei den Kindern: Sie lassen sich nicht mehr in die alten Machtstrukturen hineinzwängen. Alles in allem: eine ‚unangenehme' Entwicklung – in der gegenwärtigen Übergangsphase. Das Gegenteil der ‚krankhaften Lüge' heißt: Authentizität. Das Ego braucht nicht bekämpft werden, es ist Durchgangsstadium eines ‚Jugendlichen-Bewusstseins'. Lebe Deine Authentizität! Und es verschwindet von alleine wieder – es transformiert sich. Vom Schmerz zum Herz sozusagen. Wer diese Entwicklung verhindern oder aufhalten möchte, ist nicht einfach dumm, sondern lebt in Zukunft auch sehr gefährlich. Nach dem kollektiven Globalselbstmord wird eine Woge der Liebe von nie da gewesenem Ausmaß über die Welt kommen und alles Unwahre, Unreine und Unauthentische hinweg spülen.

Entgegen der Meinung, dass das Ego angeboren ist, vertrete ich die Meinung, dass es nicht angeboren, sondern angelernt ist. Das Ego ist lediglich eine erfolgreich indoktrinierte Vorstellung der Gesellschaft. Die Kinder des alten Bewusstseins ließen sich leicht davon prägen, doch nun wird es immer schwieriger. Allzu offensichtlich sind die Nachteile: Die Welt ist eine von Zwist, Neid und Hass durchtränkte Welt geworden. Eine Weltgemeinschaft ist gegenwärtig nicht vorhanden. Aber eben – wie ich schon sagte – es wird sich bald ändern... aber niemals gelingt es einer Lüge wirklich wahr zu werden. Mehr und mehr wird offenbar, dass das Ego über sich selbst stolpert und bald hat es nicht mehr die Kraft wieder aufzustehen. Und wir, wir, die wir wieder stehen, sind dazu aufgerufen, die ‚gefallenen' Egos mit Liebe zu tragen. Nur dies vermag die notwendige Verwandlung herbeizuführen.

Der Anfang des Ego's

Du möchtest wissen, wann dieser Ego-Schein beginnt? Sobald ein Kind lernt ‚ich' zu sagen. Vorher spricht ein Kind immer in der dritten Person von sich: Florian hat Aua am Bein... Hansi hat Hunger.. Maria will nicht ins Bett... Immer in der dritten Person. Nicht ich, sondern: Bruno schreibt ein Buch. Doch dann – irgendwann viel zu früh – bringen wir ihnen bei, wie man spricht. Dabei haben die kleinen Kinder eine viel bessere Methode, denn sie wissen, dass Florian, Hansi, Maria etc. nicht ‚ich' Sind. Dieses Wissen ist geradezu überwältigend und sie besitzen es, weil sie sich noch nicht mit ihrem Körper identifiziert haben. Deshalb und nicht weil sie sich nicht mehr erinnern können, wie viele glauben, verarbeiten sie menschliche Tragödien um so vieles leichter und besser als Erwachsene – weil sie noch ego-los sind! Also, meine Lieben, es fängt offenbar schon sehr früh damit an – und die Eltern sind sogar noch stolz darauf, wenn ihr Kind schon möglichst früh ‚ich' sagt. Welch törichte und schmerzbringende Unwissenheit. Später führen sie es dann selbst fort und versuchen möglichst viele Titel und Auszeichnungen zu ergattern um in dieser Welt besser dazustehen. Sie bemerken es dann selbst viel zu spät, dass sie davon abhängig geworden sind; und es kostet viel, viel Kraft und Arbeit am eigenen Bewusstsein, diese Fesseln wieder zu lösen.

Manchmal fragt man sich, weshalb junge Erwachsene oder Teenager sich so gerne in Gefahr bringen. Weil sie unbewusst wissen, dass in Momenten der ‚Todesgefahr' das Ego verschwindet. Dies ist der eigentliche Grund der Todessehnsucht, welche gerade in solchen Altersstufen weit verbreitet ist. Ich habe das am eigenen Leib erlebt: Während eines Motorradunfalls: Es war – abgesehen von den Schmerzen danach – eines meiner wundervollsten Erlebnisse. Frei vom Ego ist frei von Last, frei von Raum und Zeit, frei von dem, was ich bis dato als ‚ich selbst' bezeichnet und erfahren hatte. Ich verstehe somit die Faszination von Angst und Tod. Später erlebte ich Ähnliches während einer schweren Krankheit, es war wundervoll – außer den Schmerzen natürlich. (Zu sterben ist weitaus angenehmer, als zu leiden!) Allerdings sollte man auch dies jetzt nicht missverstehen und sich gleich umbringen, denn damit lässt sich kein Leid umgehen; im Gegenteil, es verlängert sich bloß! Dennoch möchte ich die ‚Schönheit' dieses Zustandes nicht verschweigen und sagen:

Nur wer sich einmal ohne Egofilter selbst erfahren hat, weiß, wer er wirklich ist – und Du wirst dann wissen, wie wundervoll auch Du Bist!

Allerdings besteht eine leichtere Möglichkeit darin: dass man es – das Ego – einfach vergisst. Wie das geht? Das hast Du doch schon selbst oft erlebt. Es geschieht in kreativen oder musischen Momenten. Wenn Du singst oder wundervolle Musik hörst, wenn Du malst oder ein herrliches Gemälde betrachtest, wenn Du einen Sonnenuntergang bewunderst oder Dich der Liebe hingibst. Dann vergisst Du sogar, wer

Du bist. Dann bist Du frei vom Ego, zumindest für einen Augenblick. Je mehr solcher Augenblicke Du erleben kannst, desto besser. Schau, die Welt ist reine Poesie und nur ein wahrer Poet wird sie genießen können. Kein Ego wird jemals den süßen Geschmack des Lebens und dieser Welt kosten, geschweige denn verstehen.
Wenn das Ego also eine Vorstellung ist – ein Schein sozusagen – dann wird es auch ständig weitere Vorstellungen, weitere Lügen produzieren. Es lebt in einer Welt der Lüge, in einer Welt, welche nur durch seinen Standpunkt und durch seine Sichtweise so ist, wie sie ihm erscheint. Das wahre Leben jedoch geht an ihm vorbei. Das Ego lebt nicht, es scheint nur zu leben, es kann nicht genießen und deshalb fühlt es sich auch immer unerfüllt, unzufrieden, angespannt und dadurch wird es früher oder später unersättlich. Wenn´s mit einem Ego ´mal so weit gekommen ist, besteht nur noch eine Möglichkeit es zu heilen: Es muss sich überfressen; so lange und so gründlich, dass es scheinbar alles besitzt, was es glaubt, besitzen zu können. Danach erst hält es Ausschau nach alle dem, was ihm fehlt: innere Schönheit, Liebe, Poesie... Dann beginnt Transformation.

Ego und Identität

Jede Identität hat gute Gründe zu existieren. Identitäten sind nämlich nicht grundsätzlich ‚schlecht'. Sie neigen bloß zu der Tendenz, sich zu verselbstständigen und die ‚Herrschaft' zu übernehmen. Grundlage einer jeden Identität ist beziehungsweise bildet das Ego. Hauptbedürfnis des Egos ist das ‚Anders-sein' – sich von anderen zu unterscheiden und sich selbst als Individuum, als Individualität zu erkennen und als ebensolche anerkannt zu werden. Identitäten funktionieren ziemlich ähnlich, jedoch möchten sie auch irgendwo dazu gehören. Ego ist ‚Ich', Identität ist ‚Ich bin...'.

Eine Identität stellt kein unveränderliches Wesen dar. Im Gegenteil: Laut Lexikon geht eine Identität als psychologisches Konzept geradezu davon aus, dass sich ein Mensch mit etwas identifiziert und somit ein Merkmal einer bestehenden Gruppenidentität als sein eigenes Wesensmerkmal annimmt. In gewisser Hinsicht erscheint dies als notwendiger Prozess zur Heranbildung einer eigenen Persönlichkeit. Aber es bleibt stets ein Element der Fremdbestimmung und Indoktrination. Diese entsteht dadurch, dass Du anders als andere sein möchtest - oder einer bestimmten Gruppe von Menschen angehören willst. Obwohl Identitäten angenommen werden wollen, tun sie alles um dies nur bei gleich - oder ähnlich - angelegten zu erreichen. Eine Ich-Identität schließt eine Du-Identität grundsätzlich aus, ansonsten könnte sie nicht existieren oder zumindest würde sie sich nicht wohl fühlen. Eine ‚Fußballer-Identität' wird vermutlich die ‚Kautschkartoffel-Identität' ablehnen und bewerten. Umgekehrt vermutlich genauso. Da Identitäten auf dem ‚Ego' (Ich) basieren sind sie also alle ‚Ich-Identitäten'. Eine ‚Du-Identität', die nur ans Du denkt und ausschließlich im Dienste des Du handelt, kann es somit vermutlich nicht geben. Denn auch für die selbstloseste Tat wirst Du einen Profit für Dich finden - und sei es bloß die Freude daran, dass der Nächste sich freut. Insofern betrachte ich jede Bestrebung das Ego loszuwerden nichts weiter als ein tolles Schauspiel des Egos selbst. Denn wer außer dem Ego käme jemals auf den Gedanken das Ego zu bekämpfen? Viel weiser wäre es, die darüber liegenden Identitäten, welche berechnend – ganz gezielt und bewusst dienend – eingesetzt werden, zu meistern und allenfalls aufzulösen oder – ebenfalls gezielt einzusetzen. Das Ego will sich ja bloß selbst erfahren. Wohingegen eine Identität stets etwas haben oder vermeiden will. Du benötigst also ein Ich auch um anderen zu dienen. Das ist o.k. Aber ob Du auch alle Deine zugelegten Identitäten benötigst, ist äußerst fraglich. Deshalb sollten wir diese Sache etwas genauer unter die Lupe nehmen, denn: Solche Identitäten verfügen über ein ausgefeiltes, hochmodernes ‚Waffenarsenal'.

Das Identitäten-‚Waffenarsenal'

Eine verselbständigte Identität entzieht sich unserer Kontrolle und somit unserem Einflussbereich. Hat eine Identität erst ´mal ihren Platz eingenommen, so wird sie stets versuchen, diesen zu behaupten und zu verteidigen. Wenn sie sich in Gefahr wähnt greift sie zu jeder verfügbaren Waffe. Ihre Waffen heißen: Wut, Angst, Mitleid, Pseudo-Liebe, Eifersucht, Einschüchterung, Opfersein, Banalisierung, Religiosität, Überheblichkeit, Berechnung, Logik und auch Dummheit, um nur einige wenige zu nennen.

Identitäten entstehen immer durch Identifikation mit etwas Vorhandenem oder Nicht-vorhandenem. Also durch Wunsch oder Widerstand. Jede Identität besitzt demnach eine entsprechende Motivation als dessen Reaktion sie kreiert wurde. Sie geben vor zu befreien, aber in realiter – in Tat und Wahrheit – wirken sie immer begrenzend.

VON DER RAUPE ZUM

SCHMETTERLING

Der spirituelle Schüler gleicht einer Raupe, der Meister dem Schmetterling. Der Meister kann dem Schüler niemals verständlich machen, was er meint. Er kann ihm zwar von seinen Erlebnissen und Erkenntnissen berichten, aber so wirklich wird der Schüler dies nicht verstehen können. Der Schmetterling kann der Raupe nicht helfen. Stell Dir vor, der Schmetterling berichtet vom Fliegen, von den wunderbaren Wiesen und Blumen, von der Weite des Himmels und davon, wie er sich vom Winde tragen lässt. Das ist ja alles schön und gut, aber die Raupe weiß nichts damit anzufangen. Der Meister muss dem Schüler Lust auf ganz bestimmte Erfahrungen machen. Das ist das Einzige, was er tun kann. Der Meister lehrt nicht, wie fälschlich angenommen, die Wahrheit, das geht nicht. Er vermittelt vielmehr Energie und dient als Katalysator um den Schülern gewisse Erfahrungen zu ermöglichen. Der Meister weiß, dass die Wahrheit nicht gesagt, sondern bloß erfahren werden kann.

Die Raupe existiert, im Gegensatz zum Schmetterling, als Ego. Dies macht sie so unfrei und erdverhaftet. Sie hat keine Flügel und weiß nichts von der Leichtigkeit des Lebens. Höhepunkt eines solchen Daseins ist die Selbstverhärtung, welche in einer starren Verpuppung endet. Nun ist die Raupe vollkommen abgetrennt und isoliert von der Welt. Sie wird gänzlich auf sich selbst zurückgeworfen und wird so lange keinen Ausweg mehr finden, bis die ultimative Transformation geschieht und sie förmlich aus der Schale, dem Gefängnis ihres Egos, aussteigt. Ohne diese Verwandlung bleibt ihr nichts anderes übrig, als von einem besseren Leben in Freiheit zu träumen und es wird auf ewig ein Traum bleiben.

Der Unterschied zwischen Raupe und Schmetterling ist, dass die Raupe nicht weiß, dass sie in Wahrheit, im Kern ihres Seins, ein Schmetterling ist. Der Schmetterling jedoch weiß, dass er eine Raupe gewesen, jetzt aber ein Schmetterling ist. Der Meister ist sich seiner selbst bewusst, der Schüler noch nicht. Erst wenn Du Dich Dir selbst gegenüber enthüllt und aus dem Kokon Deines Egos hinausgeschlüpft bist, kannst Du Deine Flügel ausbreiten und Dich wahrhaft über Dein bisheriges Raupendasein emporschwingen. Das Einzige was der Schmetterling tun kann, um der Raupe zu helfen, ist, er kann vor ihr in der Luft, im Lichte der Sonne, tanzen. Er kann vor ihr von Blüte zu Blüte fliegen, sich am wundervollen Nektar laben und seinen luftigen Lebenstanz genießen. Der Meister kann, indem er einfach lebt sich dem Fluss des Augenblickes hingeben und der Raupe ein Beispiel sein. Je länger eine Raupe den Schmetterling beobachtet, ihm zuschaut und seine Lebensfreude, seine gelassene Leichtigkeit und sein Urvertrauen bewundert, desto eher keimt der Wunsch in ihr, Schmetterling zu werden. Ja, nun hat der Meister des Schülers Sehnsucht nach Freiheit, nach Freisein geweckt. Dies ist das Einzige, was er für ihn tun kann. Und wenn die Sehnsucht der Raupe den Zenit erreicht hat, dann beginnt die Transformation.

Und es ist nicht so, dass der Raupe dann gleich Flügel wachsen. Was will denn eine Raupe schon mit Flügeln?! Hm... eine geflügelte Raupe... ich glaube nicht, dass sie zum Fliegen geeignet wäre... Nein, das Wunder der Verwandlung beginnt damit, dass der Schüler in einen tiefen, ja den tiefsten Abgrund steigt. Er verpuppt sich, er kehrt in sich ein, so tief wie nur irgend möglich! Er leidet, verzweifelt und droht vor

Schmerz wahnsinnig zu werden. Nicht vor körperlichem Schmerz, sondern seelischem Leid. Er fühlt den Schmerz eines Schmetterlings, welcher unendlich lange als Raupe sein Dasein verbracht hat. Dieser ‚Schmerz' ist Beginn der Erleuchtung. Somit muss der Meister seinen Schüler in den Schmerz hineinführen. Er tröstet nicht, er beruhigt nicht, im Gegenteil. Es ist höchst beunruhigend einem wahren Meister zu begegnen. Er wird Dein Leben zerstören, keinen Stein auf dem anderen belassen und Dich an die Grenzen Deiner Grenzen bringen. *(Du kannst Deinem Meister im Leben irgendwo im ‚Außen' begegnen, aber auch in Deiner Mitte, in Dir selbst.)*

Ja, der Raupe wird es Angst machen sich vorzustellen zu fliegen. Sie sieht bereits ihren Tod, ihren Absturz vor dem geistigen Auge und wird sich mit allen Mitteln zu wehren versuchen. Doch der Meister antwortet nicht auf die Raupe, sondern auf den Schmetterling in ihr. Der Meister spricht nicht zum Schüler, denn im Schüler liegt kein Verständnis dafür, er spricht zum Meister – zum Meister in Dir – als Meister zum Meister. Er weiß, dass Dein höheres Bewusstsein, wenn es gegenwärtig auch noch unbewusst ist, ihn trotzdem versteht. Deshalb scheint es, als würde der Meister Deine Fragen nicht beantworten... die Raupe fühlt sich unverstanden vom Schmetterling... Und deshalb besteht die größte Herausforderung darin, dem Meister zu vertrauen. Er weiß, wer er ist und somit weiß er auch, was er tut. Die Raupe weiß das nicht und sie weiß auch nicht, dass sie das nicht weiß. Erinnere Dich: „Herr vergib ihnen, denn sie wissen nicht, was sie tun..." Nur ein Meister kann solches, ohne Bewertung, sagen. Ja, selbst wenn der Schüler sich gegen den Meister auflehnt, ihn verleumdet, ans Kreuz nagelt, foltert und umbringt, selbst dann strömt die vergebungsvolle Liebe aus seinem Herzen zu Dir. Der Meister ist in der Tat wie ein Schmetterling, selbst aufgespießt, tot und hinter Glas weckt er in den Menschen den Sinn für Schönheit, Anmut und Freude. Durch nichts lässt sich die Schönheit einer verwandelten Raupe mehr aufhalten. Der Schmetterling existiert nicht mehr als Ego, er ist keine Raupe mehr und wurde sich bewusst, dass er auch nie eine gewesen ist. Er hat sein wahres Sein verwirklicht und ist in eine Schönheit eingetaucht, welche durch nichts zerstört werden kann.

Der Schmetterling kann nicht lesen

Die Raupe ernährt sich von Blättern, welche symbolisch für das hungrige Lesen der Suchenden steht. So wie Du gerade eben diese Zeilen liest, kriechst Du mit Deiner Aufmerksamkeit über ein Blatt und isst es. Du nimmst es in Dich auf. Es ist Deine Nahrung. Der Schüler sucht die Wahrheit in Büchern anstatt im Leben. Er braucht heilige Schriften, die Bibel, den Koran, die Veden oder eine Baghavat Gita. Der Meister jedoch – ein Schmetterling – kann nicht lesen. Er kann fliegen! Alle Schriften, alle Vorstellungen, alle Religionen und Weisheitslehren dienen bloß dazu, Dich unfrei und gläubig anstatt religiös zu machen. Sie geben vor den Weg zu *Gott*, den Weg in die Freiheit zu kennen... Letztlich führen sie jedoch alle in pseudo-religiöse Gefängnisse, aus denen es nicht leicht ein Entrinnen gibt. Die Meister sind gekommen, die Schriften, Religionen und Doktrinen zu zerstören. Sie sind gekommen und kommen noch, um Dein Gehirn von allen Indoktrinationen zu befreien. Deshalb werden sie gefürchtet; vor allem von den religiösen Führern, den Päpsten, Kardinälen, Priestern und

Schriftgelehrten. Denn ihnen geht es nicht um Deine Erleuchtung, nicht um Deine Verschmelzung mit *Gott* und darum, dass Du Deine eigene Göttlichkeit erkennst, sondern um Macht. Ein Schmetterling lässt sich nicht an Blättern festketten, er isst nicht einfach das, was ihm vorgesetzt wird, er fliegt... und er sucht sich die besten Blüten, nur die allerbesten Blüten als Nahrung aus. Lieber isst er nichts als etwas, was ihn umbringen würde!

Ein Schmetterling fliegt nur deshalb so leicht und zart, so anmutig und verspielt, weil er nicht mit all dem Unrat belastet ist. Er hat alle Begrenzungen abgelegt und bemüht sich nicht, sie wieder in sich aufzunehmen. Er hat dadurch sozusagen das Lesen verlernt oder besser gesagt, abgelegt. Das Leben selbst ist zu seinem Meister geworden. Er kümmert sich nur noch um die Essenz, welche alles durchdringt und zu der er selbst geworden ist. Er fühlt sich nun wie ein Tropfen, der ins Meer gefallen ist; er ist zum Meer, zum Leben selbst geworden! Von diesem Augenblick an, auf dieser Existenzebene, benötigt er weder eine Philosophie noch einen ihm übergeordneten, personifizierten *Gott*. Ihm sind nicht mehr die Blätter (Bücher) heilig und auch keine anderen Ideen, Vorstellungen und Konzepte. Für ihn, den Schmetterling, den Meister, ist einzig und alleine das Leben selbst heilig. Und in dieser Heiligkeit genießt und fliegt er wissend, dass alles *Gott* ist und es ihm niemals an etwas mangeln wird.

Erleuchtete tragen keine Masken und Kostüme mehr. Man kann sie nicht ‚entlarven', denn das haben sie bereits selbst besorgt – bevor sie als Schmetterlinge schlüpften. Es gibt kein wahres Gesicht mehr zu entdecken. Erleuchtung kommt zustande, wenn alle Masken abgelegt werden. Mit anderen Worten, ein erleuchteter Mensch ist vollkommen authentisch, frei von Vorstellungen über das Leben, sich selbst und seine Mitgeschöpfe und frei von Bewertungen. Erleuchtete können somit alles Sein, alles fühlen und alles besitzen, aber sie müssen es nicht. Sie sind frei. Frei, weil sie sich nur mit der Gegenwart identifizieren, ihre Rollen bewusst auswählen und sie in jedem Augenblick ablegen können. Sie sind frei und erleben die Freiheit ihres Seins, weil sie unerschütterlich an das Grundrecht des freien Menschen glauben. Sie sind überzeugt davon, dass Gott nur freie Wesen erschafft und somit auch in der Freiheit des Seins am besten erfahren werden kann. Dies, meine Freunde, ist die Lebensweise eines Meisters und wenn Ihr von solch einem Meister etwas lernen wollt, wenn Ihr selbst Meisterschaft erlangen wollt, dann gebt euch dem Leben hin und vertraut, dass Ihr tief in Euch die Kraft finden werdet, welche euch das Aufbrechen Eures Kokons ermöglicht. Wer die Hingabe an das Leben lebt, braucht weder eine Religion, noch eine andere Glaubensgemeinschaft, keine Partei, keine Bücher, keine Heiligen, keine Meister und Gurus, denn er hat alles, was er braucht, ja er ‚besitzt' nun alles, was es gibt. Die Ewigkeit ist zur Gegenwart geworden. Wenn Du das erlebst, so fließt Du mit dem Strom des Lebens widerstandslos von einem Augenblick der Erleuchtung zum anderen. Dadurch bist Du Meister Deines Lebens geworden, indem Du Dich in vollkommenem Vertrauen dem Leben hingibst. So einfach ist das.

DAS LÖWEN-BEWUSSTSEIN

Der Löwe muss niemals darüber nachdenken, ob er groß und stark ist oder nicht. Er muss niemals darüber nachdenken, ob er eins ist mit der Natur und mit Gott. Er verliert keinen einzigen Gedanken darüber, ob er nun siegen oder verlieren wird. Er muss sich in der Erziehung seiner Kinder niemals fragen, ob sie es schaffen oder nicht.

Weshalb?

Ganz einfach: Weil es in seinem Bewusstsein weder eine Vorstellung von Versagen, noch eine von Klein-Sein, noch eine von Getrenntheit oder auch nur irgendeine von etwas Größerem als er selbst, gibt. Er Ist es einfach. In seinem Bewusstsein steht nur (und das in Stein gemeißelt): „Ich bin der König, ich bin der Stärkste, ich schaffe alles und meine Kinder sind meinesgleichen." Dies sage ich natürlich nur zum besseren Verständnis, in Wahrheit ist sein Bewusstsein frei von jeglichem Denken. Eben gerade weil er untrennbar mit der Quelle eins ist. Und aus diesem Gefühl des Eins-Seins mit der Essenz, der Quelle allen Seins, handelt und lebt er. Sein Leben ist ein einziger Genuss, ein einziger Tanz des Lebens, ein einziges Abenteuer, ein einziges... Und wer so untrennbar verbunden mit der Quelle allen Seins lebt, der braucht nicht zu denken. Das Denken ist dem Menschen vorbehalten und je mehr der Mensch sich von der Quelle entfernt oder abgetrennt hat, umso mehr denkt er.

Das Mäuse-Bewusstsein

Das graue Mäuschen benutze ich hier, ebenfalls rein symbolisch, um folgendes Bewusstsein zu verdeutlichen: Das Mäuschen-Bewusstsein sagt sich: „Ich bin ja so klein, das Leben ist ein glatter Überlebenskampf, ein ständiges Ausweichen oder Anpassen. Sobald ich aufmucke, werde ich erbarmungslos zerquetscht. Die anderen Tiere sind alle viel stärker und mächtiger als ich, ich kann gar nichts ausrichten in dieser Welt, ich habe gar nichts zu sagen. Egal was ich tue, ich bin immer bei der schwächeren Minderheit. Am besten geht es mir, wenn ich mich einfach unterordne, mich klein und unsichtbar mache und allerhöchstens, wenn überhaupt (und auch das nur ganz selten und wenn niemand da ist), ‚pieps' mache..."

Mäuseeltern erziehen ihre Kinder so, dass sie sich bei der geringsten Herausforderung sofort in ihr Mauseloch verkriechen. Sie lehren sie nicht, sich den Herausforderungen zu stellen, sondern vor ihnen zu flüchten und ihnen möglichst aus dem Weg zu gehen. Und doch, auch da gibt es einige seltene Ausnahmen. Ich erinnere mich da gerade an ein Gleichnis, eine Geschichte über zwei Mäuse, die in einen Milchkessel gefallen sind und zu ertrinken drohen. Beide Mäuse strampeln wie wild, in Lebensgefahr. Nach einer Weile gibt die eine Maus auf und meint, es helfe nichts, es gäbe kein Entrinnen aus dieser hoffnungslosen Situation. Sie verliert – moralisch dermaßen entkräftet – die Hoffnung und gibt auf. Sie lässt sich fallen, überlässt sich ihrem ‚Schicksal' und... ertrinkt kläglich. Die andere Maus, noch voller Hoffnung und Willenskraft, strampelt unentwegt weiter und weiter und weiter, so lange, bis aus der Milch Sahne wird und aus der Sahne schließlich Butter. Dann klettert sie auf die frische Butter und springt aus dem Kessel heraus und ist gerettet... Solch willensstarke Mäuse sind jedoch ziemlich selten. Die meisten ertrinken.

Weshalb?
Tja, weil die meisten Mäuse nur das Problem sehen und ihren Fokus nicht auf die Lösung lenken. Sie wurden nicht gelehrt, ihre Willenskraft für ein Ziel einzusetzen, sondern bloß zur Vermeidung von Schwierigkeiten. Geraten sie dennoch in Schwierigkeiten, sind sie meist verloren. Ihre Ausdauer und Beständigkeit wurde nur im Hinblick auf das Weglaufen und nicht zum Erreichen eines Zieles trainiert. Sie sind richtiggehend darauf konditioniert, klein und hilflos zu sein, schwach und unterlegen und daher glauben sie, nicht stark genug zu sein. (Vielleicht enden deshalb ganze Massen und Generationen von Mäusen in den Versuchslaboratorien der Menschen?) So eine gewisse Art Pseudostärke bekommen sie erst, wenn sie sich zu großen Meuten zusammentun; aber das tun sie selten. Und auch dann nur, wenn irgendeine Maus die Führerschaft übernimmt. Vermutlich wird es eine solche sein, die auch den Ausweg aus dem Milchkessel gefunden hätte. Geht diese eine Maus – diese visionäre Maus – jedoch verloren, zerfällt die Mäusemasse im Nu und alle verkriechen sich wieder in ihren Löchern und lehren ihre Kinderchen sich zu verstecken, klein und unsichtbar und vor allem mucksmäuschen-still zu sein.

Und so bleibt dann alles, wie es schon immer war und die Mäuse-Ältesten lehren ihre Sippe, dass dies Gesetz sei, dass es der Weg und das Schicksal von Mäusen sei – und Gottes Wille natürlich – unterlegen, unterdrückt, machtlos und schwach zu sein. Sie unterrichten sie in den Gesetzen der Natur und dass man sie als gott-gegeben hinnehmen müsse. Das Leben, so sagen sie, sei eben einfach so. Dies gelte es zu akzeptieren und sich nicht dagegen aufzulehnen. Punkt. Wären sie Menschen, würden sie daraus wohl eine Religion machen, welche dazu diente, die gesamte Spezies klein zu halten und sich den vorgegebenen Begrenzungen zu fügen. Sie würden es – genauso wie unsere Religionen – vermutlich in ein nettes Gewand von ‚Bescheidenheit' und ‚Demut' kleiden, sodass Mäuschen-Sein und Gefressen-oder-ausgebeutet-werden, plötzlich zur Tugend erkoren würden.

Und die Menschen?

In welchem Bewusstsein erziehen wir unsere Kinder? Lehren wir sie etwa Willensstärke oder versuchen wir jahrelang ihnen ihren so mühsamen, aber starken Eigenwillen zu brechen, um sie angepasst zu machen? Sind wir nicht stets bestrebt, sie so zu dressieren, zu indoktrinieren und zu begrenzen, dass sie einfach bequem für uns werden?

Ja, es braucht viel Größe und ein stattliches Maß an Selbsterkenntnis, anzuerkennen, dass es leider auch bei uns so ist. Selbst in erwachsenen Beziehungen tun wir ständig nichts anderes, als die anderen in unsere eigenen Begrenzungen hineinzupressen, sie uns anzupassen, sodass wir mit ihnen auskommen können. Wenn Du genau beobachtest, wirst Du feststellen, dass sich jene Menschen am meisten mögen, welche dieselben Begrenzungen haben, dieselben Ansichten, denselben Glauben, dieselbe Meinung und dieselben Vorstellungen vom Leben. Stimmt's? Sobald jemand eine größere Vision als wir selbst hat, sagen wir: unmöglich. Wir sind Meister geworden im Zerstören der Träume anderer. Und deshalb ist dieser Menschheit der Untergang gesichert. Gott sei Dank gibt es jedoch auch noch ein paar Menschen mit

Löwen-Bewusstsein oder zumindest der Willenskraft, Hoffnung und Ausdauer der zweiten Maus. Ansonsten gäbe es weder Strom noch Telefon, weder Fahr- noch Flugzeuge, weder Hochhäuser noch Aufzüge, weder Medizin noch andere Errungenschaften, weder Schiffe, noch Fernsehen, noch sonst irgendetwas, was das Massenbewusstsein der Menschen oder ihr Vorstellungsvermögen einst überstieg! Vermutlich würden wir noch in Höhlen hausen und uns mit Keulen die Köpfe wund schlagen...

Wir hätten wohl noch nicht bemerkt, dass nicht der stärkste Muskel überlebt, sondern der stärkste Geist. Muskeln und Menschen sterben, Ideen nicht. Ganze Völker können verschwinden, ganze Kulturen, aber nicht ihre Visionen!

Heute stehen wir am Scheideweg der menschlichen Entwicklung

Ja, wir stehen am Scheideweg der Entwicklung des modernen Menschen – so wie wir ihn heute kennen und zu dessen Entwicklungsstand auch wir gehören. Es gibt zwei Arten von Bewusstsein, zwischen denen wir uns entscheiden können: das ‚Löwen-' oder das ‚Mäuse-Bewusstsein'.

Entscheidest Du Dich für das Mäuse-Bewusstsein, dann wirst Du untergehen; dann wird Dein Leben nichts weiter sein als ein Ausgebeutet-Werden, ein Überlebenskampf, ‚gesegnet' mit vielen Gefahren, Krankheiten und Schicksalsschlägen. Du wirst ein bescheidenes Leben von ‚9:00 bis 17:00 Uhr' leben, ohne etwas Großes in dieser Welt zu hinterlassen oder verändert zu haben. Ja, man wird sich Deiner schon nach kurzer Zeit, nachdem Du den Körper verlassen hast, nicht einmal mehr erinnern. Es werden keinerlei Spuren von Dir zurückbleiben und es wäre, als seiest Du niemals da gewesen. Nach wenigen Generationen wird Dich sogar Deine Familie vergessen haben. Das war's dann. Kein Wunder, brauchen da die Menschen einen Himmel, ein Paradies und eine Hölle, wo sie für dieses Elend belohnt oder für ihre Untaten bestraft werden. Manch einer wird jedoch überrascht sein, dass er sich nicht im Garten Eden wiederfindet... Denn Untaten heißt ja, wenn man sich dieses Wort einmal etwas genauer anschaut: Un-Taten – Taten, welche nicht gemacht wurden! Hier handelt es sich um die so genannte ‚Unterlassungssünde'. Und diese ist die am meisten ausgeführte ‚Sünde' aller Menschen. Du kannst also gerne davon ausgehen, dass das Paradies ein sehr einsamer Ort ist. Ein Ort, wo Du vielen Heiligen nicht begegnest, weil die meisten dadurch heilig wurden, dass sie eben nichts getan haben, sich nicht aufgelehnt haben, sich den Gesetzen von Kirche oder Staat mucks-mäuschen-still gebeugt haben, um nicht von ihrem heiligen Stuhl geschubst zu werden. Natürlich gibt es da auch Ausnahmen, wenige, aber es gibt sie. Und was für Menschen waren das?

Ja, es waren Menschen mit einem ‚Löwenbewußtsein', Menschen, die sich eben nicht an die vorgeschriebenen Gesetze hielten, Menschen, welche die Naturgesetze überwanden, Menschen, die heilten oder andere – den Massenmenschen in ihren Begrenzungen unmöglich erscheinende – Dinge vollbrachten. Der Mäuse-Mensch nennt es ‚Wundertaten' und sie muten für jene auch wirklich so an. Stell' Dir bloß vor, Du würdest in der Zeit bloß wenige hundert Jahre zurückreisen können und hättest ein Feuerzeug, eine

Pistole, zwei Funkgeräte, ein Flugzeug oder auch nur eine Taschenlampe, ein paar Schmerzmittel oder eine Sofortbildkamera mit dabei... Sofort würdest Du ‚heilig' gesprochen werden, Du wärest augenblicklich der Obermagier, ein Gott oder Oberguru! Heute allerdings könntest Du damit wohl kaum mehr als ein müdes Lächeln erwarten, heute sind diese Dinge selbstverständlich geworden. Aber warum?! Weil es einige wenige Menschen gab, die sich nicht von der Meinung der Allgemeinheit beeinflussen ließen und die vorgegebenen menschlichen Grenzen nicht akzeptierten. Menschen mit Visionen, Menschen mit einem unglaublich starken Eigenwillen, Menschen mit einer unerschöpflichen Ausdauer und ziel- und lösungsorientiertem Geist. Menschen mit Träumen, welche sie sich von ‚nichts-und-niemandem' nehmen ließen. Man konnte sie einsperren und foltern, man konnte sie ächten oder gar umbringen, aber ihre Visionen lebten weiter... Das sind die wahren Meister, das sind die wahren Heiligen, das sind die Löwen unter uns, jene, die lieber sterben würden, als die Begrenzungen anderer anzunehmen, bloß um ein ruhiges und bequemes Leben zu führen. Dem gegenüber steht, wie schon gesagt, das ‚Mäuse-Bewusstsein'. Und an dieser Stelle solltest Du Dich fragen, in welchem Bewusstsein Du selbst lebst...

Wir erziehen unsere Kinder immer zu dem Bewusstsein, in dem wir uns selbst befinden

Würden wir unsere Kinder nicht ins selbe Bewusstsein hineinpressen, in dem wir selbst leben, hätten wir das Gefühl, selbst versagt zu haben. Würden wir uns eingestehen, dass wir bis anhin ‚Mäuschen' waren, dann würden wir uns ganz schlecht fühlen dabei. Und deshalb vermitteln wir auch dann noch unsere selbst begrenzte Lebenseinstellung weiter, wenn wir schon längst erkannt haben, dass sie falsch ist. Ja, wir sind meist schlichtweg zu feige, den nächsten Schritt zu tun. Wir besitzen nicht den Mut zu sagen: „Ich habe mich getäuscht." Wir haben nicht den Mut, unsere eigenen Fehler einzugestehen. Warum? Weil wir nicht sehen, dass das Eingestehen eines Fehlers eine göttliche Erkenntnis ist, eine Offenbarung. Wir geben lieber vor, nach göttlicher Offenbarung zu suchen, aber wenn sie dann da ist..., dann sind wir zu feige sie auch zu nehmen. Dir scheinen meine Worte zu hart? Nun ja, ich spreche aus dem Löwenbewusstsein, da fürchtet sich natürlich die Maus! Du fühlst Dich jetzt angegriffen?! Natürlich, die Maus fühlt sich immer angegriffen! Du sagst, dass ich überheblich sei, dass Du schließlich Doktor oder gar Professor seiest oder Millionär oder Direktor eines Weltkonzerns?! Natürlich, es sind Menschen mit einem Mäuse-Bewusstsein, welche solche ‚Argumente' (ge)-brauchen, um sich über andere zu erheben.

Wie bitte, Du belächelst mich, weil Du viel ‚bescheidener' bist und ein viel kleineres Ego hast als ich? O.k., das habe ich ja schon erklärt: Mäuse erheben Schwäche gerne zur Tugend! Was, Du bist mit mir einverstanden? Gut, dann bist Du im Begriff ein ‚Löwe' zu werden, dann setze Deine Vision in die Realität um! Worauf wartest Du noch?

Das neue Bewusstsein, von dem alle reden, ist das Löwenbewusstsein!

Sogar Fehler zu machen ist im Löwen-Bewusstsein herrlich! Dann begehst Du wenigstens Deine eigenen Fehler und nicht die der anderen. Somit wirst Du auch Deine eigenen Erkenntnisse sammeln und nicht bloß die von anderen reproduzieren. Das ist doch wunderbar! Oder etwa nicht?!

Das neue Bewusstsein der Erwachten macht aus den Menschen nicht gleich perfekte, fehlerlose Meister, aber es macht sie verantwortungsbewusst, eigenständig, ehrlich, mutig und erfolgreich. Das neue Bewusstsein zeigt kein weiteres Mäuschenpiepsen, sondern Rebellion! Ja, es ist ein Auflehnen, ein Aufbäumen, ja ein Aufbrüllen des Löwen, jedoch in tiefer innerer Stille und Gewissheit der baldigen Realisierung sämtlicher Visionen. Es ist nicht dasselbe wie die Rebellion der Jugend, aber durchaus mit ihr vergleichbar. Was wir leider übersehen, ist: Wenn wir die Rebellion unserer Kinder schon im Keim zu ersticken trachten, dann können aus ihnen – niemals Löwen werden. Was wünschst Du denn für Deine Kinder? Ich wünsche mir für meine und alle Kinder dieser Welt und vor allem für uns Erwachsene, dass die globale Bewusstseinsrebellion der Löwen-, oder wie wir heutzutage gerne sagen: der Indigokinder, sobald als möglich die gesamte Welt überflutet, bevor es zu spät sein könnte! Hättest Du gerne ‚Mäusekinder'? Würdest Du Deinen Kindern kein besseres Leben wünschen, grenzenloser, erfolgreicher, glücklicher, zufriedener und friedlicher? Ja?! Dann solltest Du sie zu ‚Löwen' erziehen! Dann solltest Du die Größe haben, sie nicht mit Deinen Begrenzungen zu indoktrinieren und sie nicht zwingen zu glauben, was Du glaubst! Lasst die Kinder sich selbst entdecken und ihre eigenen Schlüsse daraus ziehen. Schlechter als heute würde die Welt in hundert Jahren dann bestimmt nicht aussehen. Im Gegenteil, wir würden alle mächtig staunen!

Was passiert, wenn Du Dich heute zum Löwenbewusstsein entschließen würdest?

Tja, ich vermute, dass Du Dir dann bald neue Freunde suchen müsstest... einen neuen Arbeitsplatz oder gar einen neuen Beruf... vielleicht sogar einen neuen Partner oder eine neue Partnerin... eine neue Religion... ein vollkommen neues Weltbild... Ja, das sind wirklich keine einfachen Herausforderungen, welche auf Dich zukommen würden. Nun wird Dir vielleicht auch klar, warum die meisten es vorziehen, im alten Bewusstsein zu bleiben. Den Mut aufzubringen für solch´ umfassende mögliche Veränderungen, das ist Sache von ‚Löwen', bestimmt nicht von kleinen, grauen ‚Mäusen'. Das ist das Schöne am Mäuschen-Sein: Man ist bestimmt nie allein! Als ‚Löwe' jedoch wirst Du auch alleine überlebensfähig sein und Du wirst mit der Einsamkeit fertig werden.

Wenn ich in Dir mit meinen Worten das Löwen-Bewusstsein nicht aktivieren konnte, dann lässt Du es bitte besser bleiben, sonst zerbrichst Du gar noch daran. Das neue Bewusstsein ist ein Bewusstsein der Führer, nicht dasjenige einer Herde Rinder, Schafe oder Mäuse. Du kannst Angst haben vor dem Sprung, das ist völlig in Ordnung, aber Du springst trotzdem: Das ist Mut. Was Dir aber auch passieren könnte, ist, dass Du Dich plötzlich in einer ganz anderen Welt wiederfindest, in einer Welt voller Frieden, Liebe und Vollkommenheit. In einer Welt, in der Träume wieder wahr werden und jeder Mensch die Möglichkeit hat, glücklich zu sein, erleuchtet zu sein, eins zu sein mit Gott, der Essenz, dem Ursprung allen Lebens. Ich finde, dass das ein gutes Angebot ist.

Was meinst Du?

„Die meisten Menschen werden als Löwen geboren, leben wie Mäuse und sterben wie arme Hunde."

Das Löwen-Bewusstsein und die Liebe

Falls Du nun denkst, das neue Bewusstsein entbehre der Liebe, dann darf ich Dich enttäuschen. Im Gegenteil: Je stärker, mächtiger, unbegrenzter, unbeirrbarer, unerpressbarer, aufrichtiger, mutiger und größer das Bewusstsein - desto stärker, mächtiger, unbegrenzter, unbeirrbarer, unerpressbarer, aufrichtiger, mutiger und größer ist auch die Liebe. Aber es ist ebenfalls eine neue Form der Liebe, nicht vergleichbar mit dem, was bis heute gemeinhin als ‚Liebe' gilt. Sie hat nichts mit dem Gesäusel und mäuseartigen Gepiepse pseudoliebevoller Mickeymäuse zu tun, das wir heute kennen; jener Liebe also, die, sobald eigene Vorteile in Gefahr kommen, sich sofort in nichts auflöst oder sowieso nur dazu dient, eigene Vorteile zu erhaschen.

Nein, ich spreche von einer ganz neuartigen Liebe. Einer Liebe, die nichts verlangt, nichts erwartet und nichts verspricht. Einer Liebe, die einfach da ist - jenseits aller Parameter, an denen man sie messen könnte. Ich spreche von einer Liebe, welche durch nichts beeinflusst oder beeinträchtigt werden kann. Von einer Liebe, die keine Ziele verfolgt, *nichts haben* und nichts *nicht-haben* möchte. Einer Liebe, welche für die meisten Menschen derzeit noch weit jenseits, weit hinter dem Horizont ihres gegenwärtigen Vorstellungsvermögens liegt. Es ist eine bedingungslose Liebe - die einzige Liebe, welche die Qualität aufweist, Liebe genannt werden zu können. Es ist jene Liebe, welche Jesus mit dem Gleichnis des Schwertes versinnbildlichen wollte und ich mit dem des Löwenbewusstseins. Es ist nicht primär an der Zeit, zu erkennen, wer *ich* bin. Es ist an der Zeit, dass Du erkennst, wer *Du* bist! Irgendwann kommt für uns alle doch die Zeit, zu unserer Größe zu stehen...! Du brauchst sie nicht zu fürchten, denn Deine Größe und Deine Stärke, Deine Macht und die Unendlichkeit Deines Geistes sind weitaus demütiger, bescheidener, toleranter und liebevoller, als Du es gegenwärtig jemals sein könntest. Erst von diesem Moment an können wir von so etwas wie dem ‚freien Willen' sprechen. Bisher gab es ihn noch nicht. Der freie Wille des Mäuschens ist es, das freiwillig zu tun, was die anderen wollen. Der freie Wille des Löwen ist jener, der tut, was er intuitiv fühlt und liebt, was er tut, ohne von anderen zu verlangen, dass sie seine Wünsche erfüllen. ‚Mäuse' reagieren, ‚Löwen' agieren.

Ach ja, und dass ich es nicht noch vergesse: Das zweite Mäuschen, welches sich selbst (!) aus dem Milchkessel errettet hatte, wurde im nächsten Leben als Löwe wiedergeboren!

Denk darüber nach, denn wenn Du diese Worte gelesen und sie nicht einfach ignoriert hast, könnte Deine Wiedergeburt schon in diesem Leben stattfinden! Denn im Gegensatz zu den Tieren kann der menschliche Geist im selben körperlichen Dasein mehrmals re-inkarnieren! Wenn Dich meine Worte fasziniert haben, dann hast Du auch das Zeug dazu, Dein gesamtes geistiges Potenzial in Deinen jetzigen Körper einfließen zu lassen und ein neuer Mensch zu werden. Ein Mensch des neuen Zeitalters, ein ‚Löwe' – jetzt!

TAKE IT EASY

Möglicherweise haben Dich meine Worte bereits ein wenig beunruhigt oder gar geärgert. Gut, ich sagte ja: „Was Dich nicht bewegt, das lebt nicht." Möglicherweise stehst Du jetzt vor der Entscheidung zu sagen, ich sei verrückt oder genial. Wenn ich darf, dann nehme ich Dir diese Entscheidung gerne ab: Ich bin verrückt! Ja, denn die Revolution hat sich in mir bereits vollzogen und ich bin längst von der Norm abgerückt. Ich will und kann keine Norm mehr erfüllen. Früher konnte ich dies noch mit Leichtigkeit, aber damals wusste ich nicht, dass ich wie ein Delphin in der Badewanne lebte. Nun, da ich jedoch wieder frei im Ozean des Lebens schwimmen kann, würde ich dies um keinen Preis mehr rückgängig machen wollen, es sei denn, es wäre Dir von Nutzen.

Ja, für Dich würde ich es tun, so verrückt bin ich. Ich kenne Dich zwar möglicherweise nicht, aber ich würde es dennoch tun, denn ich fühle Dich. Ja, ich kann Dich fühlen und ich fühle, dass Du mein Bruder, meine Schwester bist und deshalb würde ich es tun. Und ich sagte ja, solche Dinge, wie sie nur das Herz zu tun vermag, sind rational nicht zu erklären. Du musst es nicht verstehen, aber ich bin sicher, Du kannst es fühlen, wie ich es meine, oder?

Sobald Du vom Verstand, der immer gegen alles Mögliche Widerstand leistet, ins Herz hinüber wechselst, kannst Du es ‚easy' nehmen. Die Dummheit des Verstandes lässt diesen immer angespannt sein. Die Weisheit des Herzens aber, lässt Dich entspannen. Angespannte Menschen atmen oberflächlicher und oberflächliches Atmen führt zu vermehrtem Denken. Somit ist der Teufelskreis geschlossen und es ist nicht einfach, diesem wieder zu entrinnen. Deshalb, anstatt dem Denken auch noch Widerstand zu leisten, atme tief. Tiefes Atmen fördert die Fühlbereitschaft. Also: „Take it easy!", lehne Dich zurück und atme ruhig und tief. Lass Dich nicht dazu verleiten, dem Verstand mit einer Analyse zu begegnen. Er wird Dich auf schnellstem Weg in eine endlose Diskussion mit sich selbst verstricken, an deren Ende Du genau so schlau sein wirst wie zuvor.

SCHLUSS MIT

DER ANGST

Wie bewältige ich meine Ängste im Alltag?

Um korrekt mit Ängsten umgehen zu können macht es Sinn, die Wurzeln aller Ängste zu erforschen. Angst ist wie ein Baum, an dessen Oberfläche es unzählige Ängste - wie Blätter an den Bäumen - gibt. Und genau wie bei den Bäumen sind diese verbunden mit den Ästen, münden in einem Stamm und wurzeln mit einigen wenigen Wurzeln, welche sich im Erdengrund festklammern.

Der ‚Baum der Angst'

Die unzähligen Blätter möchte ich nun nicht alle aufzählen, das sind all jene Ängste, für die es bereits Fachbegriffe gibt wie Platzangst, Höhenangst, Verfolgungswahn etc.

Die etwas größeren Äste der Angst heißen:

1. Überlebensängste
2. Versagensängste
3. Existenzängste
4. Verlustängste
5. Orientierungsängste
6. Kontrollverlustängste
7. Todesängste

Die Wurzeln parallel dazu heißen:

1. Ich bin nicht stark genug
2. Ich bin nicht gut genug
3. Ich bin es nicht wert
4. Ich verdiene es nicht
5. Ich bin alleine
6. Ich bin Opfer
7. Ich bin getrennt von Gott

Die über allem dominierende Angst, welche alle anderen Ängste durchwirkt, und den Blättern, Ästen und Wurzeln sozusagen die Farbe verleiht, ist die Angst nicht geliebt zu sein. Noch nie ist mir ein Mensch begegnet, der diese Urangst nicht in sich trägt. Sie ist sozusagen der Same des Baumes, die Mutter aller Ängste. Hat man die erst einmal integriert, lässt die Intensität aller anderen Ängste um ein Vielfaches nach. Der Stamm heißt übrigens ‚Leben', die Erde ‚Sicherheit', die Luft, welche den Baum umgibt ‚Freiheit'. Ängste bewirken einen Abwärtsfluss in Richtung Erde, in Richtung Sicherheit und Festigkeit und machen dementsprechend unbeweglich und eingeengt. Um nun also wieder in diesen Aufwärtsfluss zu kommen, müssen wir uns wieder dem Licht, der Freiheit und wohl oder übel auch der Unsicherheit zuwenden. Unten, in Richtung Erde, verheißt sich eine Sicherheit, welche letztlich nicht hält, was sie verspricht. Nach oben hin, zur Luft, verheißt sich zwar keine Sicherheit, aber sie hält, was sie verspricht. Die Freiheit gehört den Mutigen, den Mutigen, welche sich dem Licht zugewandt haben. Bald wird klar, dass die unbegrenzte Freiheit, welche bar jeglicher Sicherheit zu sein scheint, mehr Sicherheit bietet, als man sich auf Erden je vorstellen könnte. Genauso, wie der Baum seine Kraft nicht aus der Erde bezieht, sondern aus der Luft, aus dem Licht, bezieht auch der Mensch seine Lebenskraft und seine Zuversicht von oben. Viele nennen es ‚Gott', einige nennen es ‚Universeller Geist', andere bezeichnen es einfach als ‚Licht' und wieder andere als ‚Schöpferkraft'. Ich nenne es den ‚Free Spirit'.

Deshalb liegt die definitive Heilung von allen Ängsten nicht in der Begrenzung, sondern in der Unendlichkeit des Seins. Man senkt sich tief hinab in seine Ängste, um danach über sie hinauszuwachsen. Bevor nicht alle Ängste durchlebt wurden, ist dieser Aufstieg nicht möglich.

Die Angst vor der Angst

Sehr verbreitet ist die Angst vor der Angst. Sie ist eigentlich keine wirkliche, definierte oder begründete Angst, sondern reine Vorstellung. Selbst Menschen, die noch nie einer Panikattacke ausgesetzt waren, können sich, alleine durch die Vorstellung, vor anderen Ängsten fürchten. Deshalb nenne ich sie eigentlich nicht Angst, sondern Furcht. Furcht ist sozusagen Angst auf Vorrat. Angst hat man, wenn man sich in einer entsprechenden Situation befindet, Furcht erlebt man schon lange bevor eine spezifische Situation da ist. Im Grunde genommen ist die Furcht das größere Problem. Denn, wenn man sie lange genug nährt, kreiert sie die entsprechenden Situationen. Furcht ist sozusagen jene ‚Nahrung', welches das Entstehen entsprechender Erfahrungen begünstigt und den Samen des Baumes zum Keimen bringt. Furcht entsteht nicht so sehr, wie man annehmen könnte, durch bestimmte Erlebnisse, die man gehabt hat, sondern vielmehr durch den Konsum von Büchern, Filmen und Zeitungen. All die Nachrichten und Geschichten, welche ununterbrochen auf uns einprasseln, öffnen unseren Geist, unsere Phantasie für alle möglichen Szenarien, die eintreten könnten. Und die weltweite Infiltrierung des Massenbewusstseins mit solchen Szenarien kommt nicht etwa von ungefähr. Nein, sie ist Teil eines Projektes, welches sich „Mind-Control" nennt. In Insiderkreisen auch als MK-Ultra bekannt. Die Urheber solcher Methoden finden sich vornehmlich in Regierungskreisen und

Geheimdiensten, welche die Manipulation und Beherrschung der Menschheit im Schilde führen. Und ich muss zugeben, sie arbeiten sehr effizient und erfolgreich.

Was immer an Schrecklichem und an möglichen Gefahren in Dein Bewusstsein eingedrungen ist, bevor Du es erlebt hast, ist auf solche Manipulation zurückzuführen. Zum Beispiel die Furcht vor Krankheit, die Furcht vor Krieg und Zerstörung, die Furcht vor Bestrafung, Raub, Mord, Überfällen und Vergewaltigung, aber auch Befürchtungen, wie ‚von Gott nicht geliebt zu sein', dass Du so, wie Du bist ‚nicht ins Paradies kommen' könntest und vieles mehr. Ursprünglich besaß der Mensch keinerlei Ängste und lebte im vollen Vertrauen, dass alles gut ist. Ein Mensch jedoch, welcher in diesem Bewusstsein lebt, ist nur sehr schwer zu steuern. Solange wir Ängste und Befürchtungen haben, solange sind wir manipulierbar und können für jedweden Zweck der Manipulatoren missbraucht werden. Es ist also wesentlich zu erkennen, dass es Ängste und Furcht eigentlich gar nicht gibt. Sie sind bloß indoktrinierte Reaktionen (reaktives Fühlen = Emotion), welche unser persönliches Wachstum, unsere persönliche Entfaltung, hemmen sollen. Und doch erschafft sie jeder und jede selbst! Soviel also zu den Hintergründen. Nun, damit ist Dir aber noch nicht geholfen. Da sie also nun ´mal da sind, müssen wir einen Weg finden, unser Bewusstsein wieder von ihnen zu reinigen. Als Vorbild dienen Kinder, Tiere und die Natur. Sie besitzen keine Ängste und noch weniger Befürchtungen, weil sie nicht denken, sondern leben. In der Tat wäre zu leben die einfachste Variante, um Furcht und Ängste los zu werden. Zu leben ohne zu denken. Natürlich scheint das eine gewisse Naivität mit sich zu bringen, aber naiv zu leben ist allemal noch angenehmer, als in ständiger Angst und in ständigen Befürchtungen zu vegetieren und bloß froh zu sein, wenn es uns nicht so schlecht geht, wie den anderen. Aber es könnte uns auch gut gehen...

„Hab keine Angst!" ist ein widersinniger Ratschlag.

Wenn Angst da ist, ist es ein hoffnungsloser Ratschlag zu sagen: „Hab keine Angst!". Sie ist ja schon da. Du fühlst sie. Für Dich ist sie absolute Realität. Also hören wir doch auf zu sagen, dass man sie nicht zu haben bräuchte oder: ‚Es ist nicht schlimm' oder Ähnliches. Nein, der erste Schritt ist, sich einzugestehen, dass sie da ist. Es geht nicht darum, sie zu analysieren, sondern lediglich darum, sie anzuerkennen. Ja, ich habe Angst.

Beispiel Lampenfieber

Lampenfieber kennen vermutlich alle. Es ist nicht nur eine Angelegenheit von Schauspielern und Rednern. Nein, alle kennen das Gefühl, wie es ist, vor anderen Menschen zu sprechen und je nach Zuhörerkreis fällt es uns leichter oder schwerer. Lampenfieber hört sich nicht so gefährlich an, beinhaltet aber viele Ängste, welche ich im Baum der Angst als bereits größere Äste skizziert habe. Lampenfieber ist ein Überbegriff für Versagensangst, für die Angst nicht anerkannt zu werden, nicht geliebt zu sein, nicht gut genug zu sein, ausgelacht zu werden, Ablehnung zu erfahren, seine Existenz zu gefährden, Freunde oder Kundschaft zu verlieren, Opfer der Kritiker zu werden und, und, und...

Nun, wie geht man damit um? Was tun Schauspieler und Redner in solchen angstbeladenen Situationen? Ja, sie stellen sich ihren Ängsten! Sie schreiten nichtsdestotrotz, mitsamt ihren Ängsten auf die Bühne. Sie können nicht einfach so tun, als hätten sie diese nicht. Nein, sie nehmen sie an und sie nehmen sie mit. Eine hilfreiche Möglichkeit ist, gleich zu Beginn zu sagen, dass man ‚nervös' sei. Das merkt ja ohnehin jeder. Es löst nicht nur den Widerstand dagegen auf, sondern macht obendrein noch sympathisch. Einmal eingestanden und formuliert, verschwindet die Angst von allein. Du brauchst also nicht eine Methode, um die Ängste zu verdrängen, sondern den Mut, die Angst mitzunehmen und es trotzdem zu tun. Dann, wenn Du auf der Bühne stehst – das gilt auch für die Bühne des Lebens – richte Deine ganze Aufmerksamkeit auf das, was Du tun willst und tue es! Vertraue darauf, dass Du inspiriert bist, dass Du ja nicht zufällig dort bist, wo Du stehst, und dass Du größer bist als Deine Befürchtungen. Du siehst also, die Überwindung Deiner Ängste gründet nicht darin, sie zu verleugnen, sondern sie anzunehmen.

Wie man Angst integriert

Integrieren kann man Ängste genau so, wie alle anderen unangenehmen Erfahrungen – einerlei, ob sie traumatisch waren, ob sie real sind oder nicht, ob es große oder kleine Angelegenheiten sind – durch Erleben der damit verbundenen Gefühle. Du hast zum Beispiel die Angst zu versagen... gut, dann fühle einfach ´mal, wie es sich anfühlt diese Angst zu haben (...), fühle alle beinhalteten Gefühle und Emotionen und erlebe sie. Versuche sie währenddessen nicht abzuändern, lass sie so, wie sie sind und fühle sie einfach, erlebe sie voll und ganz, gehe mitten durch sie hindurch. Deine Einstellung sollte nicht sein, sie weg haben zu wollen, sondern sie erleben zu wollen. Während Du sie nun durchlebst, analysiere sie nicht, erfahre sie einfach. Denke nicht über sie nach und erkläre sie nicht für unrealistisch oder nicht so schlimm. Erlebe sie einfach. Nach und nach wirst Du bemerken, dass sie immer schwächer werden und wenn diese Gefühle plötzlich weg sind, dann verschwende keinen Gedanken mehr daran, Dich an sie zu erinnern oder zu überprüfen, ob sie nun tatsächlich weg sind, sonst erschaffst Du sie erneut. Lass sie einfach gehen. Du wirst eine große Erleichterung verspüren, denn sie haben sich aufgelöst. Tue das mit jeder Angst oder mit jedem Gefühl und erlebe die befreiende Wirkung; es ist wunderbar! Diese Ängste bleiben ja nur bestehen, weil Du ihnen Widerstand leistest, weil Du sie nicht haben willst und Dich somit gegen sie wehrst.

Sich jedoch gegen irgendetwas zu wehren, einen ‚Gegner' zu bekämpfen, stärkt ihn bloß und lässt ihn weiterhin bestehen. Wir müssen die Feinde lieben, bevor sie sich verabschieden können. Sie zu lieben bedeutet, sie anzunehmen und freizugeben. Sie zu bekämpfen heißt, sie festzuhalten. In Wahrheit fürchten wir nicht so sehr das, was eintreffen könnte, sondern wie wir uns dann fühlen würden, wenn es eintreffen würde. Unser ganzes Leben besteht ja zu 99,999 % aus Gefühlen und 0,001 % aus dem, was wir herkömmlich als Objektivität betrachten. Gefühle sind jedoch für mich das einzig Reale am Mensch-Sein. Es ist ja nicht umsonst das Einzige, was alle Lebewesen gemeinsam haben.

Angst, lateinisch ‚Angustiae' bedeutet ‚ENGE'. Es ist das Gefühl der Enge, des Beengt-seins, der Einengung, welches wir nicht mögen und doch: Es ist letztlich eine Gnade, Angst zu haben, denn es ist unser Antrieb in die Befreiung! Eine wahrlich bittere Medizin... aber immer noch besser, als ein Leben in der Enge zu verbringen und darüber hinaus ist dieses Heilmittel äußerst wirksam.

Also, fürchte Dich nicht vor der Angst, denn sie ist der Schlüssel zur Freiheit! Aus der Enge wird Weite, aus der Angst wird Vertrauen und aus dem Gefühl der Getrenntheit entsteht Eins-Sein. Vielleicht möchtest Du es ja 'mal aus dieser Warte betrachten (...).

Niemand, außer Dir selbst, kann Dich von Deinen Ängsten befreien, weil niemand Deine Gefühle für Dich integrieren kann. Tue es selbst und Du wirst in eine Welt eintauchen, deren Größe, Weite und Verbundenheit Du Dir nicht einmal in Deinen kühnsten Träumen vorstellen kannst! Diese Welt wartet auf Dich, sie ist da und Deine Angst ist die Pforte zu ihr: ‚Let's go'!

OPFER UND TÄTER

EIN PARADOXON

Oh ja, das ist wirklich paradox: Einerseits sind wir alle eine Familie und andererseits spielen wir Freund und Feind, Gauner und Gendarm. Wenn ich Deine Feinde und auch die meinigen, mit meinen geistigen Augen betrachte, dann stelle ich fest, dass ihr in Wirklichkeit die besten Freunde seid.

Was heißt eigentlich ‚Opfer'? Es heißt ja eigentlich (lat.: operari) bloß: werktätig sein, arbeiten. Ich weiß gar nicht, weshalb dieses Wort eine so ‚schwerwiegende' Bedeutung erlangt hat. Und ‚Täter' bedeutet ja – zunächst etwas überraschend – Ähnliches! – der Handelnde, der Tätige. Um zu verstehen, weshalb aber ein Opfer immer leidet, sollten wir uns noch anschauen, was ‚leiden' heißt... Das bedeutet nämlich: dulden, erdulden.

Wenn jemand also etwas tut, was er eigentlich nicht tun will oder etwas erlebt, was er eigentlich nicht bevorzugt, dann wird er zum Opfer im herkömmlichen Sinn. Der Irrtum, zu glauben es könne uns etwas geschehen, ohne dass wir auf irgendeiner Ebene dazu ‚Ja' gesagt hätten, führt dazu – dass wir leiden. Ich persönlich gehe allerdings nicht davon aus, dass es so etwas wie ein ‚unschuldiges Opfer' gibt. Dazu ist meiner Meinung nach diese Schöpfung zu vollkommen. Aber: ich kann natürlich die eigene – meine – Verantwortung ablehnen und behaupten: „Damit habe ich nichts zu tun!" Dann verwandelt sich mein Schmerz augenblicklich in Leid. Ja, Schmerz wird zu Leid, in dem Moment, wo ich gegen ihn Widerstand entwickle. Und so sehr leiden kann ich auch nur dann, wenn ich jemanden für meinen Schmerz verantwortlich machen kann. Dafür also brauche ich einen Täter. Für einige sind es die

Andersgläubigen, für andere die Gegenpartei und wieder für andere sogar Gott oder ein sagenumwobenes ‚Schicksal' oder ganz schlicht: der Zufall.

Ich weiß sehr wohl, dass ein Opfer leidet und ich finde das auch nicht sehr schön und dennoch... nur wenn einem selbst klar wird, wer der eigentliche Verursacher des eigenen Leidens ist, nämlich man / frau selbst, können wir die Macht zurückgewinnen diesen Zustand des Opferseins zu ändern. Echte Macht besitzt nur ein Schöpfer-Bewußtsein – nie jedoch dasjenige eines Opfers. Interessant, wie nahe verwandt doch auch beide Begriffe sind...

In realiter muss ich etwas opfern, um aus dem Opfer aussteigen zu können. Was? Meine Verantwortungslosigkeit, meine Machtlosigkeit, meine Ängste vor Verurteilung, meine Verzweiflung und meine Minderwertigkeitsgefühle. Wie ich darauf komme? Na ja, hast Du Dich schon einmal als Opfer gefühlt? Dann weißt Du, dass diese Gefühle immer mit dabei sind, wenn Du Opfer bist. Es sind jene Gefühle, welche Du um keinen Preis erleben möchtest... und schon hast Du sie! Aber: als Täter wollen wir uns ja eben auch nicht fühlen, denn das ist für die meisten Menschen ein negativ bewerteter Begriff. ‚Täter sind böse'. Das stimmt so aber nicht. Denn bei genauerem Betrachten fühlen sich die bösen Täter irgendwie genauso als Opfer, wie die Opfer selbst. Ein echter Täter – ist ein Schöpfer. Einer, der sich seiner Verantwortung bewusst ist und sie auch übernimmt.

Übrigens: Du kannst einfach gar nie ‚Opfer' sein in einer Schöpfung, welche doch nur Schöpfer erschafft!

Es klingt vielleicht ein wenig paradox, aber: Täter und Opfer sind letztlich ein und dasselbe. Und beide fühlen sich schlecht und beide erleben, dass sie sich besser fühlen zu wollen. Ja, oft sogar besitzt das Opfer mehr Macht als der Täter! Ein ‚gutes Opfer' kann jeden zum Täter machen und ‚echte' - wahre - Täter sind wenige zu finden. Mutter Theresa, Jesus, Buddha, Pater Pio, um nur einige zu nennen, waren: echte Täter - damit Du weißt, wie ich das meine... Nun, gegenwärtig bist Du - wenn Du genau hinschaust - eher Opfer. Möchtest Du nicht ‚echter' Täter werden? Nur ‚echte' Täter bringen wahre Opfer; die anderen aber fühlen letztlich sich auch als Täter noch als Opfer - oder bringen doch bloß Almosen dar. Aber, Frage: Gibst Du Dich gerne mit Almosen zufrieden? Genügt es Dir, bloß Almosen zu spenden? Oder bist Du auch bereit, alles zu geben, was Du hast? Deine ganze Liebe, Dein ganzes Leben, Dein ganzes Sein...?

Opfere Dein Opfersein und erwache zum Schöpfer. Nur so kannst Du das Leid der Opfer verringern - allen voran Dein eigenes. Dann, wenn Du selbst nicht mehr leidest und Deine Opfer, wie ein Schöpfer trägst, kannst Du andere aus ihrem Opferleiden befreien. Zuerst aber: Opfere Dich selbst.

INTELLIGENZ KONTRA IGNORANZ

Manchmal glaubt man, dass Intelligenz eine Frage des Verstandes ist. Dies ist jedoch ein Trugschluss! Intelligenz ist eine Frage des Herzens, nicht des Gehirns. Der Verstand kann zwar so tun als ob er intelligent wäre, aber in der Tat schafft er es bloß, gescheit zu sein. ‚Gescheit-sein' ist eine Frage des 'Sich-erinnern-Könnens', nicht der Intelligenz. Der Ver-stand kann immer gescheiter und gescheiter werden, je mehr er sich merken und erinnern kann. Dann wird er solange gescheiter, bis er scheitert. Was am Ende bleibt ist: Gefühl. Gescheit-sein ist Resultat von Theorie, Intelligenz jedoch entfaltet sich stets aus Erfahrung. Aber nicht die Quantität an Erfahrung macht die Weisheit aus, sondern die Qualität! Diese entsteht nicht einfach durch Alt-sein. Du kannst Dich also nicht bloß auf Dein Alter beziehen und meinen, dies sei gleichbedeutend mit Intelligenz oder gar Weisheit, nein. Die einzig Weisheit gebärenden Erfahrungen sind jene, welche Du von und mit ganzem Herzen erlebt hast.

Vorgetäuschte Intelligenz beherrscht die Welt

Ja, es scheint schon beeindruckend intelligent zu sein, was gewisse Menschen und Wissenschaftler so alles entdecken, entwickeln und erfinden. Der Verstand findet zwar heraus, wie man Atome spaltet, aber der fehlenden Intelligenz wegen werden solche Dinge dann für Waffen, Atomkraftwerke und Ähnliches missbraucht. Daran erkennt man, dass Intelligenz bloß vorgetäuscht wurde. Es ist der mangelnden Intelligenz der Entwickler zuzuschreiben, dass wir unsere Welt langsam aber sicher zerstören.

Aber eben, verantwortlich sind nicht nur die Urheber, sondern auch das Volk, Du und ich - das ist die wirklich ‚schlechte' Nachricht. So lange die Revolution in uns noch nicht stattfinden konnte, verhalten wir uns nämlich noch dümmer als dumm. Der eigenen Bequemlichkeit halber stellen wir uns blind und taub. Daher ist der Einäugige bereits König. Dieses eine Auge jedoch, mit dem die Welt gegenwärtig regiert wird, ist weiters noch äußerst kurzsichtig.

Die Augen des Verstandes besitzen den Fokus eines umgedrehten Fernrohres. Ihnen scheint, als wären die Dinge direkt vor ihrer Nasenspitze noch unendlich weit entfernt. So lässt man sich heutzutage so lange Zeit, bis es zu spät sein wird. Die Augen des Herzens jedoch besitzen den Fokus eines Elektronenrastermikroskops welches sich stufenlos in jedem möglichen (Blick-)Winkel verstellen lässt. Zugegeben, seine Argumentationen sind für den Verstand nicht so plausibel, aber immerhin zutreffender als alles, was dem Verstand faktisch einleuchtend und plausibel erscheint.

Nun, was soll man da tun? Wie kann man den Verstand eines Besseren belehren? Es geht nicht. Dummheit versteht nicht. Sie muss stets alles erleben, bevor sie die Tragweite dessen verstehen kann, was sie angerichtet hat. Irgendwie nämlich schafft es der Verstand immer, uns glauben zu machen, dass sich letztlich doch noch alles zum Guten wendet. Und damit meint er nicht das endgültige Happyend welches die Herzen erschauen können, sondern jenes frühzeitige, welches niemals eintreten wird. Aber die Verstandesmenschen halten stur daran fest.

Für sie ist das Leben eine Hollywoodproduktion, welche immer dann endet, wenn alles in Ordnung scheint. Aber das wahre Leben geht weiter, es gibt auch ein Leben nach der Hochzeit...

Die Menschheit muss es wohl oder übel angehen, die Mechanismen des Verstandes zu durchschauen. Denn der bittere Geschmack des Verstandes führt ein ebensolches Ende herbei, ganz im Gegensatz zur Süße des Herzens.

Die besten Revolutionäre, welche die Welt je gesehen hat, waren und sind die, welche bei sich selbst anfangen.

Der Vergleicher

Der Verstand kann nur eines wirklich gut: vergleichen. Und genau das ist der Untergang des Glückgefühls im Leben der Menschen. Würde der Mensch nicht vergleichen, so hätte er keinen Grund unzufrieden zu sein. Er würde sich auch nicht ständig in der Vergangenheit oder in der Zukunft aufhalten. Aber eben...: Der Verstand kann nicht anders, denn in der Gegenwart kann er nicht leben. Im Hier und Jetzt zu Sein, da wo es kaum etwas zu denken gibt, mutet ihm an wie der Tod.

ESOTERIK IST NICHT ESOTERISCH

Tja, das mag Dich nun wohl traurig stimmen, aber die heutige Esoterik oder das, was als solches gehandelt wird, ist alles andere als esoterisch. Auch hier muss eine Revolution stattfinden. Die Esoterik ist eine tiefe innere Angelegenheit und hat nichts mit Engel-Essenzen, Edelsteinen, UFOs, Pendeln, Pyramiden und Tischerücken etc. zu tun.

Die esoterischen Bücherregale sind voll von Büchern mit Anleitungen zum Channeln, Hellsehen und dergleichen. Außerdem bieten sich hunderte von Schriftstellern und Schriftstellerinnen an, die Dir sagen, wie Du zu leben hast damit Du Chancen auf Erleuchtung und übersinnliche Gaben hast. Oh mein Gott (...)!

Ich weiß, auch meine Aussagen, Bücher und Kurse können so interpretiert werden aber dann, dann sind sie wirkungslos. Meine Botschaft lautet stets: Finde Deinen eigenen Weg. Lebe nach Deinen Gefühlen und nicht nach den meinigen oder denen eines anderen Meisters. Sei verantwortlich und lebe gemäß Deiner eigenen, inneren Instanz der Weisheit. Gott ist in Dir. Wozu also im Aussen suchen? Wozu unsichtbare Wesen kontaktieren? Wozu Tröpfchen schlürfen? Wozu Rituale abhalten? Wozu beten? Wozu meditieren?

Ich versichere Dir, wenn Du einen verantwortungsvollen spirituellen Weg beschreitest, dann folgen diese Dinge von alleine. Du wirst Dein eigener Engel sein, Deine eigenen Tröpfchen herstellen und Deine eigene Lehre entwickeln.

Du brauchst weder mich noch sonst jemand dazu! Das Einzige was Du benötigst ist: Mut.

Die genannten esoterischen Utensilien und Richtlinien mögen sehr wohl eine gewisse Zeit lang ihre begründete Berechtigung haben, aber es ist wie mit Krücken, sobald Du wieder gesund bist, musst Du sie beiseite legen. Sonst wirst Du bald nicht mehr selbständig gehen können. Vertraue auf Dich, vertraue auf die Weisheit des Universums.

Manchmal kursieren Botschaften die von Himmelstoren künden, welche sich öffnen. Sie tragen Namen wie 11:11. Dazu habe ich die entsprechenden Botschaften einst wie folgt quittiert:

Statement zu Toröffnungen und bestimmten Konstellationen der neuen Zeit

Immer wieder kursieren Botschaften zu bestimmten Tagen und Zeitabschnitten, welche bedeuten sollen, dass ein Aufstieg der Menschheit möglich ist oder näher kommt. Viele stützen sich an jenen Tagen auf die Hoffnung, dass ihnen die Arbeit an sich selbst dadurch abgenommen wird. Viele glauben, es seien spezielle Tage mit speziellen Möglichkeiten. Viele glauben, dass etwas Außerordentliches an diesen Tagen passiert. Viele glauben, dass es an jenen Tagen besser möglich sei, das Licht in sich aufzunehmen und Gott zu begegnen. Viele glauben, dass sie an solchen Zeitabschnitten, Tagen oder Stunden einen besseren Kontakt zu ihren Lichtgeschwistern finden können. Viele von euch richten sich nach solchen Äußerlichkeiten und vergessen dabei die Wahrheit ihres inneren Wesens und die Wahrheit der Allgegenwart Gottes und des Lebens. Sie vergessen die Zeitlosigkeit und stützen ihr Tun auf zeitliche, begrenzte Zeichen und äußere Geschehnisse.

Meine Worte mögen hart und unwissend klingen für jene, die sich so sehr auf diese Dinge verlassen, dennoch solltet ihr sie euch zu Herzen nehmen und genau überdenken. Fühlt in euch hinein und erkennt den Sinn und die Wahrheit meiner Ausführungen. Ein jeder weiß, tief in seinem Inneren, dass meine Sichtweise einer höheren Weisheit entspringt und Dich von allen Äußerlichkeiten befreit. Hab den Mut Deinem Gefühl zu vertrauen und den Weg Deines Herzens zu beschreiten.

Verbreitet meine Worte an all jene, die euch lieb sind, an all jene, denen ihr ein wirkliches Fortschreiten auf dem spirituellen Weg, wünscht. An alle letztlich, die sich für esoterisch-spirituelle Begebenheiten interessieren und von denen ihr glaubt, dass sie ernstlich an einer Erweiterung ihres Bewusstseins interessiert sind. Jede Konstellation des sicht- und unsichtbaren Firmaments ist in seiner Art einzigartig und demnach speziell. Jeder Tag, jede Stunde, Minute und Sekunde sind alle Tore geöffnet und laden Dich ein, einzutreten in die himmlischen Welten des Geisteslebens. Jeder Mensch hat jeder Zeit die Möglichkeit, Gott zu erleben und Erleuchtung zu erfahren. Ihr müsst bloß euer Bewusstsein über die Grenzen und Schranken zeitlichen Denkens erheben. Alles, was sich in zeitlichen Abständen zeigt, stellt lediglich eine begrenzte Wahrheit dar. An die Kraft und Möglichkeiten bestimmter Tage zu glauben führt dazu, dass ihr die Möglichkeiten jedes einzelnen Augenblicks verpasst. Es wird behauptet, dass solche ‚harmonische Konkordanzen' eine interdimensionale Öffnung von nie da gewesenem Ausmaß und Wichtigkeit für die gesamte menschliche Rasse, darstellt. Ja, und es gibt tatsächlich so eine Konkordanz: Dein Leben! Dein Leben, jeder Augenblick Deines Lebens und jede von Dir getroffene Entscheidung, jede Handlung, jeder Gedanke und jedes Gefühl ist von ungeahntem Ausmaß und eminenter Wichtigkeit für die menschliche Rasse. An jedem Tag, zu jeder Konstellation, in jedem Augenblick. Das Licht Gottes strömt nicht zu einem bestimmten Zeitpunkt mehr, dann weniger zu euch, es ist immer in gleichem Masse vorhanden, durchströmt euch ununterbrochen seit jeher. So, wie ihr an diesen vermeintlich speziellen Tagen euren Geist, eure Gedanken und eure Gefühle hin zu Gott lenkt, solltet ihr es ununterbrochen in jedem Augenblick eures Lebens tun. Nicht eine Toröffnung ist für euch wichtig, sondern die Öffnung eurer Herzen! Öffnet eure Augen und erkennt, dass keine himmlische Konkordanz jemals etwas bewirkt hat in den Menschen, welche mit verschlossenem Herzen durch die Universen pilgern und erkennt, dass weder Gott, noch andere lichtvolle Wesenheiten jemals Einfluss auf euren freien Willen genommen haben. Es findet keine Zwangserleuchtung durch äußere Geschehnisse statt. Es wird keinem leichter sein, sein Herz zu öffnen, der noch nicht bereit dazu ist und jene die bereit sind, tun es so oder so, mit und ohne solcher sogenannter ‚Toröffnungen'. Das Tor, das himmlische Tor steht immer offen, für alle und jeden. Eintritt frei – tretet ein! Schon so viele Toröffnungen, für euch sichtbare wie auch unsichtbare habt ihr verschlafen, schon so viele Gebete zum Himmel gesandt und schon so viel Licht in die Welt hinausmeditiert... doch was habt ihr damit erreicht? Weder herrscht Friede auf Erden noch pflegen die Menschen einen liebevolleren Umgang miteinander. Lüge und Unwahrheit beherrschen die Welt, auch Deine Welt! Doch, es gibt einen Weg euer Ziel zu erreichen, er heißt: Ehrlichkeit! Ehrlichkeit und Wahrhaftigkeit. Echte Integrität ist das Licht, von welchem wir erwarten, dass ihr es in die Welt hinausstrahlen möget! Aber was machen die meisten von euch, die meisten sogenannten Lichtarbeiter? Sie führen weiterhin den Krieg zwischen Licht und Finsternis...

Natürlich, sie glauben, wie alle anderen auch, zu den ‚Guten' zu gehören, doch letztlich haben sie noch nicht einmal die energetischen Grundgesetze verstanden, welche besagen, dass das wogegen Du auch immer Deine Kraft einsetzt, immer stärker wird. Wozu meditieren und beten der eigenen Erleuchtung willen? Wozu meditieren und beten für eine bessere Welt, ein neues Zeitalter und wozu sich eine bessere Welt wünschen und die Menschheit mit Licht zwangsüberfluten, wenn ihr doch jederzeit die Möglichkeit habt, durch gute Taten, die Welt zu verändern?! Geht hinaus in die Welt, greift euren Mitmenschen tatkräftig unter die Arme und stiftet Frieden unter euren Freunden und Bekannten räumt alle Unwahrheiten in euch aus... Zum Beten und Meditieren habt ihr des Nachts, wenn alle schlafen noch genügend Zeit zur Verfügung. Tun ist immer wichtiger als wünschen!

Schon seit tausenden von Jahren beten und meditieren die Menschen für den Frieden und dafür, dass die Kranken geheilt werden... doch was ist geschehen? Schaut in die Welt hinaus und ihr wisst es. Nichts, im Gegenteil, niemals gab es mehr Kriege und mehr Kranke als heute! Was lernt ihr daraus? Genau, die Werkzeuge derer ihr euch bis anhin bedient habt, sind für eure Ziele ungeeignet. Sucht neue! Trachtet nach Liebe, Frieden und begreift Gott in euch selbst. Verwirklicht dies, setzt es um in euren eigenen Leben, dann erst werden Toröffnungen für euch Sinn machen, dann erst beginnt das Friedensreich, das goldene Zeitalter auf Erden zu erwachen, dann erst habt ihr Chancen auf Erleuchtung und Einswerdung. Alles andere ist bloß Ablenkung, auch wenn sie wissenschaftlich oder spirituell begründet ist.

Es gibt viele Me nschen, die bereits alle Toröffnungen genutzt haben, selbst jene, die noch gar nicht stattgefunden haben! Möchtet ihr nicht auch zu jenen gehören, unabhängig von allem Äußeren, unabhängig von allen Hilfsmitteln, unabhängig von der ‚Gunst des Universums' und vollkommen frei sein? Gut, hier ist Deine ganz persönliche Chance. Nicht weil sich ein kosmisches Tor öffnet oder euer Kalender einen bestimmten Tag zählt, sondern ganz einfach weil Du lebst! Du lebst heute, hier und jetzt, nicht morgen und auch nicht gestern. Wenn Frieden, dann heute, wenn ein goldenes Zeitalter, dann jetzt, wenn Erleuchtung, dann in diesem Augenblick, jenseits von Raum und Zeit!

Erwachen funktioniert immer nur jetzt.

Also, in diesem Sinne:

"Lass das, was Du jetzt bist, nicht dem im Wege stehen, was Du Sein könntest."

SEKTEN

Das Sekten-Thema aus spiritueller Sicht

Ich will es gleich vorwegnehmen: Für mich gibt es zwischen Religion - im Sinne von Konfession - und einer Sekte keinen Unterschied. Warum nicht? Weil es überall Menschen, Anhänger gibt, die zum Fanatismus neigen. Es gibt wohl keine deutlicheren Signale, als das gegenwärtige Geschehen auf unserer Welt!

Nun, zum besseren Verständnis dieser Thematik, möchte ich zuerst die Merkmale von Sekten aus kirchlicher Sicht darlegen. Im Weiteren werde ich zu allen aufgeführten Punkten, eine etwas differenziertere Betrachtung anstellen. Es geht hierum nicht um einseitige Betrachtung, sondern um eine logische Denkweise. Was sind also die so genannten, allgemein gültigen ‚Sektenmerkmale', die es erlauben, eine Sekte als solche zu erkennen?

Absolutheitsanspruch

Nur die Lehren der Sekte führen zur Erlösung, Befreiung oder was auch immer; alle anderen Lehren sind in ihren Augen falsch. Es stinkt den Sektenführern gewaltig, wenn es jemand wagt, ihre Lehren kritisch zu betrachten, was bis zur Androhung von negativen Folgen oder Strafen reichen kann. Zweifelsfrei trifft dieser Punkt auf viele esoterische Gruppierungen zu. Aber interessanter Weise auch auf viele Organisationen wie Kirchen, Religionen und auch gewisse Wissenschaften wie z.B.: die Medizin.

Die Christen behaupten genauso wie die jüdischen, moslemischen und andere religiöse Gruppen, dass ihre Ansicht, ihr Glauben der ‚richtige' ist. Wenn man diesen kritisiert, muss man nicht selten mit dem Tod rechnen.

Die meisten aller Kriege und abscheulichsten Verbrechen, werden aus Glaubensgründen getan, meist sogar im Namen Gottes. Dies ist für mich der absolute Wahnsinn!

Auch in der Wissenschaft werden ‚Wahrheiten' oft länger, trotzt besseren Wissens' aufrechterhalten und man klammert sich Jahrzehnte lang an physikalische Gesetze, welche längst überholt sind. Neue Technologien wie z.B. die Nanotechnologie bei Computern, die Implosions- oder Wassermotoren für Fahrzeuge, die Antigravitationstechniken, die Tachyonenenergieforschung, welche ihre Beweise durch die Forschungen des Nicola Tesla schon längstens geliefert hat, werden unterdrückt um die alten Wahrheiten überholter wissenschaftlicher Forschung und deren Anhänger nicht durcheinander zu bringen und natürlich der wirtschaftlichen Vorteile und Ausnutzbarkeit wegen. Kritisiert man sie, wird man schnell als ‚unwissenschaftlich' abgetan oder als ‚Scharlatan' bezeichnet und so lange fertig gemacht, bis man vielleicht aufgibt. 20 Jahre später jedoch, wenn die Forschungen der vorherrschenden Wissenschaftler-Kaste auch langsam so weit sind, werden die Entdeckungen und neuen Technologien zur Selbstverständlichkeit. Die ehemaligen ‚Spinner', welche der Zeit einfach ein wenig voraus waren, werden rehabilitiert und es wird ihnen womöglich ein Denkmal gesetzt, aber von der jahrzehntelangen Unterdrückung von für die Menschheit hilfreichen Entwicklungen, redet keiner.

Die Kirchen nennen die Andersdenkenden nicht ‚unwissenschaftlich', sondern ‚ungläubig'. Dies ist schon ein heftiger, allumfassender Begriff, um auszudrücken, dass da einer nicht dasselbe glaubt wie sie. Die

Androhung negativer Strafen folgt auf dem Fuße. Die Hölle, das Strafgericht oder zumindest ein Fegefeuer müssen schon sein! Von den vielen Millionen ermordeter Menschen, die durch Inquisition, Kreuzzüge und andere Bekehrungsversuche dahingerafft wurden, spricht natürlich niemand gerne.

Reglementierung des Alltags

Sekten machen gerne Vorschriften für Bereiche des persönlichen Lebens, die sie nun wirklich nichts angehen - unter Androhung von Strafe bei Nichtbefolgung. Wenn dies ein Merkmal von Sekten ist, so wage ich es zu fragen, was denn eine Armee ist? Da ist alles reglementiert, von der Kleidung bis zur Art der Begrüßung (...) Das Militär - eine Sekte? Ja! Strafe? Ja, die sind hinlänglich bekannt. Die Kirche reglementiert nicht nur mit ihren Geboten und Richtlinien die man einhalten muss, um ein guter Christ zu sein, nein, sie schreibt auch gleich vor, mit wem die Menschen Sex haben oder zusammenleben dürfen. Manche Religionen schreiben auch vor, was zu essen ist, wie man die Tiere töten darf und wann man zu fasten hat etc. Strafe? Ja, wie immer wenn man nicht gehorcht, ist man in den Fängen des Teufels, des Antichristen.

Zeitliche Einbindung

Damit die Sektenanhänger nicht mehr aus der Sekte herauskommen, verplant die Sekte deren Freizeit manchmal bis zur Erschöpfung mit gemeinsamen Aktivitäten oder einer Unmenge von Büchern, die das Sektenmitglied zu lesen hat. So hat das Mitglied keine Zeit mehr für seine bisherigen Freunde und hat nur noch mit Leuten aus der Sekte zu tun.

‚Heilige' Bücher

Was esoterische Gruppierungen an ‚Eso-Büchern' haben, verehren andere in Form einer Bibel, eines Korans oder anderer ‚Heiliger Schriften'. Auch die Wissenschaftler haben ihre ‚Bibeln', sie nennen die Tempel wo sie ihre heiligen Werke stapeln statt ‚Kirchen' einfach ‚Universitäten', aber letztlich, wer sie nicht kennt und an sie glaubt, kann weder Arzt noch sonst etwas werden. Strafe? Ja, kein Diplom oder später Exkommunikation aus der elitären Glaubensgemeinschaft wie auch immer sie sich nennt.

Freizeit?! Praktisch keine, da Lernen bis in die Unendlichkeit angesagt ist.

Die Kirchen und Religionen belegen gerne auch unsere Freizeit mit Bibelgruppen, Gottesdiensten, Sozialarbeiten (meist natürlich für die Gemeinschaft selbst), Spendenaktionen, Bazars etc. Auch der stündliche Lärm kirchlicher Glocken ist mir in der heutigen Zeit, wo nun wirklich jeder eine Uhr besitzt, rätselhaft. Würden alle Glaubensgemeinschaften läuten und rufen, dann wäre es wohl (gleiches Recht für alle) kaum mehr auszuhalten. Noch ein paar Prozessionen da, ein paar militärische Defilees dort und die Sache wäre unkontrollierbar. Gott sei Dank gibt es nur wenige Sekten – die natürlich keine Sekten sind und somit den anderen Glaubensgemeinschaften, welche natürlich Sekten sind – verbieten, ihren Glauben offen auszudrücken. So, wie die großen Verbrecher die kleinen verurteilen, genau so wehren sich die größten aller Sekten: Religion, Militär, Wissenschaft, Politik und Sport etc. als solche erkannt zu werden.

Insidersprache

Sekten verwenden oft so viele ‚Insiderbegriffe', dass Nichtmitglieder auf Anhieb gar nicht verstehen, wovon hier die Rede ist. Also können die Mitglieder nur noch mit anderen Mitgliedern reden, wenn sie verstanden werden wollen. Wer versteht schon die fachliche Diagnose eines Arztes oder das lateinische Gebet eines Priesters? Verstehen alle die Ausführungen eines technischen Wissenschaftlers? Was sind die Heiligen Sakramente oder was ist die Begründung des Heiligen Stuhls? Verstehen alle die Erklärungen eines Kochs, wenn er von Julienne, der Braisière oder einer Sauteuse spricht? Nein! Jeder Beruf, jede Glaubensrichtung, jede Sprache, jede Kultur, jedes soziale Umfeld hat seine eigene Sprache. Verstehen alle eine politische Rede? Nein? So erlaube ich mir nun zu fragen: Sind das nun auch Sekten?

Elitementalität

Leute in einer Sekte sind immer etwas Besonderes; sie sind die Auserwählten, eine Elite. Das greift vor allem bei Menschen mit geringem Selbstbewusstsein. Na ja, welche Religion, Kirche, Wissenschaft oder Gruppierung glaubt das nicht von sich?

Kritikunfähigkeit

Leute, die einer Sekte angehören, reagieren im höchsten Maß allergisch auf Kritik an dieser oder ihren Lehren - auch dann, wenn die Diskussion sachlich, konstruktiv und tolerant verläuft. Auch hier sind es vermutlich gerade jene, die selbst andere kritisieren, welche auf Kritik an ihrer Sache äußerst scharf reagieren und mit den größten Kanonen auf Mücken schießen. Fast alle Menschen haben Mühe mit Kritik umzugehen.

Feindbilder

Viele Sekten bauen massive Feindbilder auf und schaffen auf dieser Grundlage ganze Verschwörungstheorien. Zu solchen Feinden gehören oft Leute, die der Sekte kritisch gegenüberstehen, und die manchmal mit ganz perfiden Mitteln und übelster Verleumdung bekämpft werden. Ja ja, für Esoteriker sind die Kirchen die Feindbilder, für die Kirchen die Esoteriker, für die Pazifisten sind es die Armeen und für diese die anderen Militärs, für die Dicken sind es die Dünnen, für die Sportlichen die Unsportlichen, für die Heterosexuellen die Homosexuellen, für die Weißen die Schwarzen, für die Moslems die Christen etc. und umgekehrt. Dieses Spiel ist wirklich leicht zu durchschauen und wenn man es sachlich betrachtet: Wer hat nun Recht? Fast alle Menschen haben Feindbilder.

Personenkult

Die meisten Sekten führen einen Personenkult um die Führungsperson. Die Aussagen dieser Personen sind ‚Gottes Wort' und somit unanfechtbar. Na ja, versuche ´mal bei rechten Katholiken den Papst anzufechten... Sie huldigen ihrem ‚Guru' und beten seine Bilder an, pilgern zu Hunderttausenden nach Mekka – oh, Entschuldigung – nach Rom. Oder sie verteilen Friedensnobelpreise an Politiker wie Gorbatschow, unter dem die Armee aufgerüstet wurde wie nie zuvor (...)! Ja, die einen beten Buddha an, die anderen Jesus, nochmals andere Manitu und die nächsten Mohammed. Wieder andere beten zu Krshna, andere flehen zu Maria oder den Erzengeln, Esoteriker huldigen vielleicht irgendwelchen aufgestiegenen Meistern und, und, und...

Das Gottunverständnis

Dass aus spiritueller Sicht Gott weder eine Form, noch einen Namen hat, also in jeder Hinsicht grenzenlos ist, er nicht Licht und auch nicht Schatten ist, sondern beides, dies wird wohl von allen nicht so richtig verstanden. So wie Gott den Tag und die Nacht, die Sonne und den Mond, Jesus und auch Luzifer erschaffen hat und er in uns allen wohnt, alles durchdringt und belebt und alles ist, genau so ist er auch nicht nur die eine Hälfte von Gut und Böse, sondern beides. Ich weiß, dass dies schwer verständlich ist, aber nur deswegen muss es nicht falsch sein.

So gerne möchten die Menschen alles, was ihnen nicht behagt, aus der (aus ihrer) Welt schaffen. Sie bekämpfen das vermeintlich Böse mit allen möglichen Mitteln, die oft nicht weniger brutal sind. Sie bekämpfen die Krankheiten, den Hunger in der Welt, die Kriege, die Ungerechtigkeiten, die Verbreitung von Drogen oder das unmoralische Geschäft mit Lust und Laster, den Alkohol- und Zigarettenmissbrauch, ihr Über- oder Untergewicht, sie verfechten die Gesetzte ihres Landes oder ihrer Gemeinschaft und sorgen für Recht und Ordnung. Soweit, so gut; aber wenn wir ´mal für einen ganz kurzen Augenblick realistisch sind und die Welt, so wie sie heute ist, betrachten, kann man unschwer feststellen, dass die, wenn auch noch so edel klingenden Rettungsversuche, keinerlei Wirkung zeigten. Das ist die Realität. Es gab wohl nie zuvor mehr Unheil in der Welt als heute. Nun möchte ich fragen: Wie lange wollen wir noch weitermachen wie bisher? Wie lange führen wir eine Therapie durch die offensichtlich nicht funktioniert? Höchstens bis zum Tode. Wollen wir tatsächlich so lange warten und an einem Schwarz-Weiß-Denken festhalten bis die apokalyptischsten Befürchtungen wahr werden? Und was würden die Menschen dann sagen? Würden sie nicht wieder mit demselben Kindergartendenken gleich einen Schuldigen, einen Andersdenkenden suchen und richten? Oder würden sie einfach sagen, das ist gottgewollt, ein Strafgericht, Schicksal oder, esoterisch ausgedrückt, Karma?

Sekte bedeutet Glaubensgemeinschaft, d.h. dass es mehrere Menschen gibt, die an dasselbe oder etwas Ähnliches glauben. Jeder Mensch zählt sich zu irgendeiner Gemeinschaft, selbst der Atheist oder der, der nirgends dazugehören möchte. Der gehört dann einfach zu denen, die zu keiner gehören. Womit er also schon zu denen gehört.

So lasst uns also fröhlich weitermachen, aber zu glauben das nähme ein gutes Ende, weil eine Gruppierung siege, das kann ich nur als Dummheit bezeichnen. Mit Intelligenz hat das nichts mehr zu tun, auch dann nicht, wenn ich Gott selbst als Vorsitzenden wähle. Wir haben alle versagt und nicht nur für meinen Sohn, sondern für alle Kinder dieser Welt wünsche ich mir, dass Vernunft, Toleranz und Menschlichkeit siegen. Wer heutzutage immer noch glaubt, dass Gewalt durch Gegengewalt besiegt werden kann, lebt wirklich auf einem anderen Stern. Vielleicht sind das ja die wirklichen Außerirdischen.

Sektierer glauben so etwas wie die absolute Wahrheit zu besitzen.

Grundsätzlich bin ich der Meinung, dass eine Sekte keinerlei Gefahr für den Einzelnen darstellt. Die Gefahr ist nicht die Sekte, sondern die sektiererischen

Menschen. Sie sind jedoch überall zu finden und können selbst das schönste Projekt und die edelsten Absichten in Verruf bringen. Es sind auch jene, die Bücher verbieten oder verbrennen lassen und letztlich selbst vor Mord nicht zurückschrecken. Heutzutage beginnt es mit Rufmord. Wehe aber, wenn das Volk losgelassen... dann wird in den Krieg gezogen...

Würden wir uns Gott wirklich als Beispiel nehmen, so sollten wir ´mal versuchen, es Ihm gleich zu machen, denn er liebt uns alle, ob wir an ihn glauben oder nicht, ob wir Fehler machen oder nicht, ob wir uns lieben oder hassen - seiner Liebe zu uns, seinen Kindern wird das keinen Abbruch tun. Gott ist immun gegen die unkontrollierte Launenhaftigkeit seiner Geschöpfe und er weiß, am Ende wird alles gut. Durch wie viel Leid wir jedoch gehen um zu diesem Ziel zu gelangen, liegt an uns, an jedem einzelnen von uns. Was wir wieder haben müssen, ist nicht eine Glaubensgemeinschaft, sondern ein mitfühlendes Herz kombiniert mit einem vernünftigen Denken.

**Gott schenkte uns das Leben,
was wir daraus machen,
ist unser Geschenk an Gott!**

SAGTE ICH EIGENTLICH SCHON...

Nun wirst Du es vermutlich schon selbst bemerkt haben; mich kann man nur lieben oder hassen. Das hoffe ich jedenfalls. Denn es bedeutet zumindest, dass Du mich zur Kenntnis genommen hast und, dass Dich meine Worte auf irgendeine Art und Weise berühren.

Es tut mir Leid, wenn Dich meine Worte unangenehm berühren, aber das Buch trägt nicht umsonst den Titel: „Revolution". Ich wende mich auch nicht an ein durchschnittliches Publikum, sondern an zukünftigen Meister und Meisterinnen des neuen Bewusstseins. Ich gehe also davon aus, dass Du auch ein bisschen unangenehme Ansichten verkraften kannst, ja?

Eigentlich – so sagt man von mir – wäre ich ja ein ganz liebenswerter Mensch, nur eben ‚ein bisschen' anstößig-revolutionär, wenn es sein soll... Was ich sage, sage ich nicht bloß um den Menschen ‚ein bisschen' ihre Träume zu zerstören. Der Wecker muss schon ziemlich laut schellen um jemand aus dem Tiefschlaf zu wecken. Ich hoffe, dass wenigstens Du mir verzeihst...

Tja, und abgesehen davon, wirst Du es mir eines Tages danken.

DIE 7 WELTRELIGIONEN – 7 GRÜNDE FÜR GEISTIGE UMNACHTUNG...

Gleich vorweg: Die Kirchen - respektive die Gläubigen - haben sicher viel zum Wohle einzelner Menschen beigetragen und ich wollte in diesem Buch eigentlich keinen Text zu den Religionen schreiben, aber... Nachdem ich in meinem Buch ‚KLARTEXT' über die Katholische Kirche geschrieben habe, wurde ich von vielen Lesern und Leserinnen gebeten, auch die anderen Religionen zu erwähnen. Mein etwas bissiger Schreibstil und meine kritische Betrachtung wollen nicht verletzen aber auch nicht verharmlosen, man möge mir deshalb verzeihen, wenn ich auch in diesem Buch Klartext spreche. Ich bin esoterischen und spirituellen Gemeinschaften gegenüber mindestens genauso kritisch, da ich daran interessiert bin, Klarheit zu schaffen. Es kann sich danach selbstverständlich jeder weiterhin frei entscheiden, welcher Gemeinschaft er sich zugehörig fühlt, oder ob er für sich etwas Neues finden will...

Dies ist jedenfalls eines der gefährlichsten Kapitel für mich. Man kann mit allem spaßen und mit allen über alles reden, bloß nicht über Politik, Wahrheit, Moral und Religion. Alle Kriege werden und wurden aus diesen Gründen geführt. Ich möchte mich da weder einreihen, noch es unterstützen. Aber dennoch möchte ich diesbezüglich zum Nachdenken anregen. Denn gerade bei spirituell orientierten Menschen finden wir viele tief verwurzelte, aus Religionen stammende Indoktrinationen. Immer wenn ich jemanden höre, der andere von seinem eigenen Glaubens-Inhalten überzeugen will, bin ich äußerst vorsichtig und das rate ich auch Dir. Denn die Wege der meisten Religionen sind mit ziemlich viel Blut getränkt. Alle werden zu ihrem eigenen Glauben, zu ihrer eigenen Religion finden. Ich meinerseits nenne es „Religion der eigenen Intuition", die Rückverbindung zu Gott über das Herz. Und es kann schon sein, dass mein Herz etwas anderes sagt als Deines. Und das ist gut so. Nicht gegenseitiges Überzeugen stellt Frieden her, sondern gegenseitiges Verstehen. Dazu ist manchmal eine Menge Toleranz nötig. Wer soll diese wohl aufbringen, wenn nicht wir? Im folgenden Text kommt keine Religion wirklich ‚gut' weg. Damit sage ich jedoch nicht, sie seien alle falsch oder nicht richtig. Ich möchte Dich nur anregen, über sie nachzudenken und dann zu entscheiden, welche oder ob überhaupt eine Deinem Herzen und Deiner Vorstellung entspricht. Bilde Dir Deine eigene Herzensreligion! Niemand kann Dich in solchen Dingen besser beraten, als Du selbst. Höre einfach auf Dein Herz. Nicht das, was ich sage, nicht meine Ansicht, nicht mein Herzensbekenntnis soll Deine Religion sein, sondern einzig und allein das, was Du als für Dich richtig fühlst.

Danach allerdings wirst Du natürlich, genau wie ich auch, damit leben müssen, dass die anderen - vor allem die Kirchen - möglicherweise behaupten, dass Du einer Sekte angehörst oder eine gegründet hast. Das ist nicht schlimm. Lies dazu einfach nochmals den Text über Sekten.

(Übrigens: Die Einzigen, welche sich bei mir zu etwas verpflichten, sind die Trainer und Trainerinnen, welche diesen Kurs weitergeben respektive leiten wollen. Es gibt jedoch weder eine Mitgliedschaft noch eine

Vereinszugehörigkeit. Sie dienen in ihrer Weise den Menschen und sind frei ihr Leben weiterhin so zu gestalten, wie es ihren Vorstellungen entspricht. Ich brauche schließlich erwachsene, verantwortungsbewusste, selbständige und vertrauenswürdige Trainer und Trainerinnen, nicht einen ,Kindergarten voller Anhänger und Anhängerinnen', welche nicht selbst denken und entscheiden können. Wann immer Du jedenfalls denkst, dass Du dazu geeignet wärest und es Deinem Herzenswunsch entspricht, Deinen Mitmenschen derartige Erfahrungen zu ermöglichen, Du gerne im Trainer-Team sein möchtest, wende Dich bitte an uns.)

So heikel das Thema ,Religionen' auch sein mag, lass uns trotzdem einen Blick darauf werfen...

Die 7 Weltreligionen

Ich persönlich gehöre keiner Religion an. Ich folge dem Weg meines Herzens. Ich bin auch nicht Mitglied irgendeiner Sekte oder Vereinigung, denn ich liebe die Freiheit in jeder Hinsicht und trage die Verantwortung für all mein Tun gerne selbst. Ich will mir keinen Gott mehr bauen, um ihn ergreifen zu können, sondern mich immerzu bereithalten, von ihm ergriffen zu sein. Und das bin ich! Von Tag zu Tag, von Stunde zu Stunde, von Augenblick zu Augenblick immer und immer wieder aufs Neue. Gott, wer oder was es auch immer Sein möge, durchströmt und erfüllt mich voll und ganz, immer.

Das Christentum

Weltreligion Nr. 1 ist und bleibt vorläufig da Christentum. Ihre ,Heilige Schrift' ist die Bibel. Wie sie es zu einer sagenumwobenen Anhängerzahl von rund zwei

Milliarden Menschen gebracht hat ist hinlänglich bekannt und im Detail in meinem Buch ‚KLARTEXT' beschrieben (Kreuzzüge, Ketzerverfolgung, Inquisition). Jesus, übrigens ein jüdischer Rabbi, verkündete das kommende goldene Zeitalter und mahnte die Menschen, nicht nur die damaligen, zur Umkehr. Jesus rebellierte gegen das strenge Gesetzesdenken und strebte keinerlei politische oder religiöse Macht an. Christ ist, wer an Christus als Gottessohn glaubt, was er selbst nie gewollt hat. Sein Anliegen war der Glaube an die praktizierte Liebe! Was davon übrig geblieben ist, wissen wir ja...

Der Islam

Weltreligion Nr. 2, mit rund 1,2 Milliarden Anhängern, ist der Islam. Ihre ‚Heilige Schrift' ist der Koran. Der Islam gründet auf dem Religionsstifter und Politiker Mohammed. Der Islam besitzt, wie alle anderen Religionen, eine liebevolle Basis, die jedoch von machtbesessenen Männern derart verändert und fehlinterpretiert wurde und wird, dass damit ebenfalls viele Gräueltaten gerechtfertigt werden konnten und noch gerechtfertigt werden können. Nur wer die 5 Säulen des Islam beachtet - es gibt keinen Gott außer Allah und Mohammed ist sein Gesandter, tägliches Gebet, Almosengeben, Fasten im Ramadan und die Pilgerreise nach Mekka - hat Chancen auf das jenseitige Paradies. Der Streit zwischen Mohammeds Nachfolgern Ali und Abu Bakr führte zur Aufspaltung des Islam in Schiiten und Sunniten. Dennoch eroberten sie mit viel Gewalt Spanien, wo sich die Abbasinen bis 1258 halten konnten, 1453 nahmen die Osmanen Byzanz ein und besiegten den Balkan und in Indien überrannten die Mogulen die Radschas.

Der Hinduismus

Weltreligion Nr. 3, mit rund 811 Millionen Anhängern, ist der Hinduismus. Ihre ‚Heilige Schrift' sind die Veden. Kein einzelner Prophet kann Anspruch auf die Gründung des Hinduismus erheben. Der Hinduismus besteht aus einem Verbund unendlich vieler Lehren, Götter und Dämonen. Sie sind schon etwas großzügiger, so heißt es in Indien zum Beispiel: Allah ist Ram. Den Status ‚Heiliger Schriften' haben auch die Upanishaden, die Mahabharata oder die Ramayana. Es sind sowohl Bekenntnisse monotheistischer-, polytheistischer- als auch atheistischer Natur, erlaubt. Die meisten Gläubigen verehren jedoch Götter wie Vishnu, welcher in Krishna, Rama, Shiva, Shakti etc. aufgeteilt wird. Unter den Gläubigen herrscht ein strenges Kastensystem, in welches man hineingeboren wird. Die herrschenden Priester sind die Brahmanen. Heute bekriegen sich Hindus und Muslime um den Besitz diverser Tempel. Wegen Kaschmir liegen sich die beiden Atommächte Indien und Pakistan in den Haaren. Indien gibt weltweit am meisten Geld für die Rüstung aus.

Der Taoismus

Weltreligion Nr. 4, mit rund 385 Millionen Anhängern, ist der Taoismus. Ihre ‚Heilige Schrift' ist das Tao-te-king. Dieses wird Lao-tse zugeschrieben, einem damaligen Archivar und Zeitkritiker. Das Prinzip ‚Wu-wei', welches von den Taoisten aus seiner Sprüchesammlung abgeleitet wurde, besagt, dass Nicht-Handeln Frieden bringt. Gemäß dem Motto: Die beste Regierung ist die, welche man nicht bemerkt. Ihre Meditation ist Tai-Chi. Die New-Age-Bewegungen haben sich stark am Taoismus orientiert. Höchstes Ziel scheint der innere Friede zu sein.

Der Buddhismus
Weltreligion Nr. 5, mit rund 360 Millionen Anhängern, ist der Buddhismus. Ihre ‚Heilige Schrift' ist der Pali Kanon. Der Buddhismus gründet auf Buddha, dem Erwachten. Seine vier Wahrheiten besagen philosophisch genau, was Leiden ist, wodurch es entsteht und wie der Mensch es besiegen kann. Meditative Sammlung, ethisches Verhalten und beständiges Lernen werden groß geschrieben. Buddhisten glauben ebenso an die Reinkarnation wie die Hinduisten. In Alt-Indien ist der Buddhismus für all jene attraktiv, welche sich vom Kastensystem emanzipieren wollen. Dreihundert Jahre vor Christus bekehrt König Ashoka sich nach Kriegszügen zu dieser Religion, welche das Tötungsverbot auf alle Lebewesen, auch Tiere, ausdehnt und fördert. Der Buddhismus gilt als eine Religion der Friedfertigkeit.

Das Judentum
Weltreligion Nr. 6, mit rund 14,4 Millionen Anhängern, ist das Judentum. Ihre ‚Heilige Schrift' ist die Thora, die hebräische Bibel. Die Anhänger des Judentums beten zu Jahwe. Moses ist ihr Prophet und ihr tägliches Leben wird von Hunderten von Geboten bestimmt. Das Judentum wurde seit Anbeginn seines Bestehens von Kriegen und Verfolgungen begleitet.

Der Konfuzianismus
Weltreligion Nr. 7, mit rund 6,3 Millionen Anhängern, ist der Konfuzianismus. Ihre ‚Heilige Schrift' gründet auf neun metaphysischen Schriften wie Lun-yu und I-Ging. Als Begründer gilt der aus einer verarmten Adelsfamilie entstammende Hauslehrer Konfuzius, welcher zum Minister avancierte. Der Konfuzianismus basiert auf einem hierarchischen, patriarchalischen

Konzept. Es mahnt zur Pflichterfüllung und Menschlichkeit.

Zusammenfassung
Nun, was fällt Dir auf? Genau, keine einzige Religion erlaubt oder empfiehlt Dir, Deinem eigenen Herzen zu glauben! Immer sollte man an irgendeinen Verstorbenen glauben, zu irgendwelchen Göttern beten, irgendwelche Schriften verehren und irgendwelche uralten Regeln befolgen. Offenbar wird uns der eigene Draht zu Gott nicht zugestanden. Jede Religion, so ‚toll' sie auch sein mag, unterscheidet sich von den anderen Glaubensrichtungen jedenfalls in einer Sache nicht: sie behaupten alle von sich selbst, die einzig Richtige zu sein – somit sind Gewalt und Krieg gegen Andersgläubige vorprogrammiert. Meiner Meinung nach sind alle Religionen, welche irgendetwas ablehnen oder gar verbieten, meist sogar unter massivsten Androhungen, äußerst suspekt. Erleuchtete Propheten müssten doch eigentlich wissen, dass Widerstand genau das erzeugt, was man verhindern möchte!? Um welche Macht kämpfen sie denn alle? Was wäre eigentlich der Sinn davon, dass viele Menschen denselben Glauben haben sollen? Wem dient das? Wenn man sich diese Fragen beantwortet, kommt man sehr bald zur Einsicht, dass es hier ebenso um weltliche Macht geht, wie fast überall sonst auch.

Gott in Dir
Wenn Du die Macht wieder zu Dir selbst nehmen möchtest und wieder ‚Deines-eigenen-Glückes-Schmied' sein willst, dann hast Du keine andere Wahl, als an Gott in Dir zu glauben, auf Dich und Deine Intuition zu vertrauen und alle anderen, einerlei welchen Glaubens sie sind, zu respektieren

und wertzuschätzen. Und: stets die Offenheit zu bewahren, dass auch Du selbst im Unrecht sein könntest. Solange es in diesen Dingen keine Toleranz gibt, können die Menschen lange auf das Erscheinen eines Messias warten, denn wie soll er denn sein? Religion 1, 2, ... 7, weiß, schwarz, gelb oder rot? Damit ein universeller Gott auftauchen kann, müssen die Menschen in einen universellen Geist eintauchen. Um einem Gott der Liebe begegnen zu können, muss die Menschheit sich zuerst lieben lernen. Esoteriker zu sein bringt übrigens genau so wenige Vorteile, wie die anderen Religionen. Nur das Herz zählt, ein liebevoller Geist, eine einfühlsame Seele und ein vernünftiger Verstand, kurz: Echte Menschlichkeit! Und diese stelle ich letztlich allen Religionen hiermit in Abrede. Es möge sich bitte niemand persönlich betroffen fühlen, ich äußere ja bloß meine Meinung. Danke.

Es ist jedenfalls wahrhaft Zeit für eine neue, zeitgemäße ‚Re-ligio'.

Diese ‚Re-ligio' würde ich die ‚Religion der eigenen Intuition' nennen und sie würde auf folgenden Grundsätzen beruhen:

1. Vertraue Deinem Herz und folge Deiner Intuition.
2. Sei tolerant und großzügig, vergebungsvoll und voller Mitgefühl für alle lebenden Geschöpfe.
3. Liebe jede Wahrheit, jede Ansicht, jede Meinung und jede Religion, jeden Gott und jeden Menschen, einerlei was er tut, denkt, fühlt, spricht oder glaubt, wie Dich selbst.
4. Siege, indem Du den anderen gewinnen lässt.
5. Sei immer offen, verletzlich und bereit Dich zu verändern.

6. Sei ehrlich und wahrhaftig. Immer.
7. Anstatt Verständnis von anderen zu fordern: verstehe, anstatt Liebe von anderen zu fordern: liebe, anstatt Deine eigene Erleuchtung zu wollen: hilf den anderen sie zu finden.
8. Vertraue dem Leben und erforsche es.
9. Wisse, dass jeder Mensch im Kern gut ist.
10. Wisse, dass die Tiergeschwister, einerlei wie gefährlich, wie groß oder wie klein sie sein mögen, lebendige, menschenähnliche Wesen sind und behandle sie dementsprechend.
11. Benütze keines - auch meiner - Worte als Rechtfertigung für Taten, welche Deiner eigenen Intuition widersprechen.
12. Sei frei von jeglichen Bewertungen und liebe alles, so wie es ist.

...in Kurzform:

Wohin auch immer Du gehst, was auch immer Du tust, tue es mit ganzem Herzen!

Zusätzlich empfehlen ich, dass Du Dir erlaubst, alles zu hinterfragen, dass Du Dir erlaubst zu wachsen, und Dir erlaubst, die Dinge aus allen möglichen Standpunkten zu betrachten, und: dass Du gegebenenfalls den Mut hast, Deine Meinung zu ändern, wann immer es Dir angebracht erscheint. Weiters würde ich mir ebenfalls wünschen, dass Du weder für einen Gott, noch für eine Religion, noch für eine Nation, noch für ein Land kämpfst. Denn in keinem Krieg kann es Gewinner geben. Jedes Leid ist Dein Leid, jede Freude ist Deine Freude und jede Wahrheit ist Deine Wahrheit. Jeder Gott ist Dein Gott, alles was ist, Bist Du selbst. Lass Dich nicht durch Äußerlichkeiten täuschen oder durch die scheinbar vorhandene Trennung irreführen. Alles ist eins.

Dies also - wäre mein Vorschlag. Wie Du sicher bereits erkennen kannst, ist mein Vorschlag für Menschen des neuen Zeitalters, des neuen Zeitgeistes geeignet. Und selbst wenn parallel dazu noch die alten, kriegerischen Religionen weiter bestünden... es wäre möglich, für die Freunde des Lichts - die Kinder des neuen Zeitalters - in einer Welt des Friedens zu leben und das Massenbewusstsein dieses Universums soweit zu beeinflussen, dass auch alle anderen mehr und mehr den Weg zu ihrer eigenen Intuition, zu ihrem eigenen Herzen finden können, freiwillig und ohne jeglichen Druck oder Zwang. Jeder angstfreie Mensch findet letztlich den Weg in sein Innerstes und beginnt Gott in sich selbst zu verwirklichen! Deshalb möchte ich betonen, dass es keinen Anlass für Befürchtungen gibt. Ja, bei Gott gibt es nichts zu fürchten! Komm ohne Scheu und schlechtes Gewissen, vertraue Dich Vater-Mutter-Gott an, es gibt nichts zu fürchten aber ganz, ganz viel zu lieben und unendliche Freude! Halte Einkehr, kehre ein: heim, in den Tempel Deines Herzens, Deiner Seele und der allumfassenden, bedingungslosen Liebe, die da Ist, War und immer Sein wird.

ECHTE SPIRITUALITÄT UND RELIGION

Echte Spiritualität hat somit nichts, aber auch gar nichts mit dem zu tun, was die Menschen bislang ‚Religion' nannten. Wahre Spiritualität wird aus dem eigenen Herzen geboren, Religion im bisher üblichen Sinne ist bloß ein Konstrukt des Verstandes, somit nicht ‚Re-ligio' (Religion), sondern bloß: ‚Con-fessio' (Konfession).

Echte Religion ist Spiritualität und umgekehrt. Spiritualität beginnt dort, wo die ‚Religion' der Kirchen und Konfessionen - welchen Glaubens auch immer - aufhören. Alle gängigen Religionen im Sinne von Konfessionen und alle esoterischen wie auch pseudo-spirituellen Glaubensrichtungen haben zum Ziel, Gott zu erreichen. Sie denken, dass ihre Religion, ihr Glaube, ein Weg dorthin sei und so sie diesen konsequent gingen, sie ihr Ziel dadurch erreichen könnten.

Gott aber ist kein Ziel und es führt auch kein Weg dorthin. Gott ist der Anfang. Wahre Spiritualität endet also nicht bei Gott, sondern dort beginnt sie erst!

Es führt kein Weg zu Gott, weil Gott *jetzt* ist, es führen bloß unzählige Wege von ihm fort! Wer ihn erreichen will, muss stillwerden, stillstehen, aufhören irgendeinen Weg zu gehen, er muss einfach da Sein. Wenn Gott immer da und überall Ist, dann können wir ihm auch nur *hier* und *jetzt* begegnen.

Es geht bei echter Spiritualität also nicht darum, irgendwo hinzukommen, sondern darum all dessen bewusst zu werden, was bereits Ist. Es geht auch bei Deiner persönlichen Entwicklung nicht darum, irgendetwas zu werden, sondern zu Sein. Das zu Sein, was Du im Grunde genommen bereits Bist, nämlich: Du selbst. Es geht weder darum, etwas Besonderes zu vollbringen noch darum, einen bestimmten Lebenswandel zu führen. Man kann echte Spiritualität nicht mit solchen Dingen erkaufen. Die wahre Religion ist nicht ein Tun, sondern ein Sein. Nicht ein Gut sein oder heilig-sein-Getue, sondern Authentizität und Mut das zu sein, was Du bist. ‚Re-ligio' heißt Rückverbindung und meint die Rückbesinnung darauf, was Du ursprünglich Bist: ein vollkommener Ausdruck göttlicher Essenz. Und damit gilt es, sich wieder zu verbinden und sich dessen bewusst zu werden.

Spiritualität ist also Herzenssache!

Der Verstand kann unmöglich die Ziele des Herzens erreichen, weil er nicht fähig ist, in der Gegenwart einfach zu Sein. Er will immer tun, will sich verbessern, will etwas gewinnen und vor allem möchte er etwas scheinen. Ja, der Verstand kann scheinen, er kann mit seinem Wissen brillieren, aber das Herz allein vermag zu leuchten. Ein Schein entsteht aus Wissen, das Leuchten jedoch gründet auf Weisheit. Und Weisheit berührt, Weisheit verbindet.

WAS IST BESCHEIDENHEIT?

Gerade in esoterischen, spirituellen und religiösen Kreisen wird Bescheidenheit sehr hoch gehandelt. Jeder versucht jeden diesbezüglich zu übertrumpfen in der Hoffnung, dadurch ein besserer Mensch und von Gott mehr geliebt zu sein. Lass es uns deswegen ´mal eben kurz von einer etwas anderen Seite betrachten:

Die Bescheidenheit ist selbst zu bescheiden, sich bescheiden zu nennen.

Entschuldigt bitte, wenn ich euch enttäusche, aber ich muss euch sagen, dass mir wahre Bescheidenheit auf unserem Planeten, bis jetzt zumindest, in nur sehr bescheidenem Maße begegnet ist. Ich sage aber nicht, dass es sie gar nicht gibt, diese bescheidenen Menschen. Aber mit Sicherheit sind es nicht diejenigen, welche sich mit Bescheidenheit beschäftigen, bescheiden sein wollen. Im Laufe der letzten 20 Jahre sind mir viele Menschen - gerade esoterisch orientierte Menschen - begegnet, welche sich bescheiden fühlten, wenn sie selbst gerade genug Geld hatten, um zu leben, keine Schulden zu machen, und sie keine großen (teuren) Ansprüche mehr hatten etc. Was da einerseits gut klingt und sich nett präsentieren lässt, entpuppt sich andererseits oft als purer Egoismus, als ‚Super-Ego'. Na ja, überleg doch ´mal, wenn jemand sich nur gerade so viel Geld, Essen, Trinken, Auto, Wohnraum und was auch immer wünscht, wie er selbst zum Überleben benötigt, an wen denkt so ein Mensch denn am meisten? Natürlich, an sich selbst! Und was ist mit den anderen?

Was hat dieser Mensch denn noch zum Teilen, zum Verschenken? Liebe? Gebete? Guten Rat? Schon möglich, bloß wer gibt den Hungernden zu essen? Dieser hat ja nichts übrig, keine Fülle im eigenen Kühlschrank... Das sollte man jetzt aber auch symbolisch verstehen bitte! Gebete mögen sehr wohl wirken, jedoch auf der Ebene der Seele, auf der Körperebene wirkt eine Schale Reis oder ein Glas Wasser weit effizienter!

Nicht betende Lippen sind heilig, sondern helfende Hände!

Bescheidenheit bedeutet nicht, wenig zu haben, sondern von dem, was man hat, nicht abhängig zu sein. Selbst ein Bill Gates kann bescheiden sein und in der Tat, hat er zum Beispiel schon mehr Geld für gute Zwecke gespendet, als ein Normalsterblicher in 10 Leben zu teilen vermag. Damit möchte ich jedoch keineswegs behaupten, dass er bescheiden sei, aber die Chance auf Bescheidenheit hat er mindestens im selben Maße, wie jeder andere auch. Ich sage ebenfalls nicht, dass Gebete nicht auch maßgeblich unterstützend wirken, aber ich sage, dass wir besser hinschauen müssen, gerade bei uns selbst, bevor wir uns zu irgendwelchen Urteilen hinreißen lassen. Heutzutage ist es so, dass sich der Meister von seinen Schülern ernähren lässt, früher war es so, dass der Meister auf jeden Fall für sich selbst aufkam und meistens auch noch für viele seiner Schüler. Heute ist es öfter der Fall, dass viele arme Menschen, wenige reiche unterhalten, anstatt umgekehrt. ‚Alle für Einen' – das gilt. ‚Einer für alle' – dem begegnet man genauso selten wie einem wirklich bescheidenen Menschen.

Bescheidenheit heißt nicht: wenig zu besitzen, sondern: wenig zu brauchen.

Die bescheidensten Menschen sind nicht jene, die gesenkten Hauptes in Armut leben – in Wahrheit denken sie mehr ans Geld als die reichen, weil sie es ja zum Überleben benötigen – sondern jene, die in Fülle und Überfluss leben und ihren Wohlstand teilen. Solche Menschen sind genau so gut wie jene, die wenig besitzen und dennoch viel zu geben vermögen. Eigene Vorteile wegzugeben für andere, das ist wahre Bescheidenheit. Als Sieger dem Verlierer die Lorbeeren zu überlassen, das zeugt von wahrer Größe. Es ist nicht Bescheidenheit zu sagen: ‚Dein Wille geschehe' und dann die Hände in den Schoß zu legen. Bescheidene Menschen gehen erhobenen Hauptes durch das Leben, sie sind tatkräftig und gleichermaßen gottverbunden, sodass sie ihre Intuition stets, in jedem Augenblick, das Richtige zum richtigen Zeitpunkt am richtigen Ort tun lässt. Und sie tun es deshalb, weil sie ihrer inneren Stimme folgen und ihr vertrauen können, da sie zumindest von finanziellen Gedanken befreit sind. Sie sind stolz auf das, was sie erreicht haben, aber nicht zu stolz, ihr Glück mit anderen zu teilen.

Bescheidenheit heißt nicht, wenig zu haben, sondern viel zu geben, nicht nur Geld, sondern auch, und vor allem, eigene Vorteile und Siege.

Wirklich bescheiden sind nur Menschen, deren Nächstenliebe größer ist, als ihre Eigenliebe. Immer wieder vergessen sie sich selbst in dem Sinne, dass sie gar keine eigenen Bedürfnisse mehr verspüren, so lange, wie sie in ihrem Tun aufgehen und sich selbst dabei entfalten können. Es sind oft Menschen, die das, was sie arbeiten und leben, gerne tun. Sie haben Spaß am Leben und freuen sich über alle diese unzähligen, verschiedenartigen Möglichkeiten des irdischen Lebens, Erfahrungen machen zu können. Sie leben richtig. Sie leben im Hier und Jetzt, das ermöglicht ihnen, das Zauberhafte eines jeden Augenblicks. Alles was sie denken, fühlen, sprechen oder tun, ist Gottesdienst, ein Loblied an die Schöpfung sozusagen.

Zu spenden, damit die Firma genannt wird oder der Name auf einem Messingschildchen steht, an Bäumen, Mauern oder auf Denkmäler angebracht wird, ist nicht großzügig, nicht großherzig, nicht ehrlich, wenn auch trotzdem nicht sinnlos. Auch diese Spende hilft mit, auf der einen Seite, Not zu lindern, auf der anderen Seite jedoch, bahnt sich Leid an. Durch berechnendes Geben, begeben wir uns in eine ziemlich schlechte Position...

Durch andere berechnende Menschen, Staaten, Gesetze, Traditionen oder Religionen, werden diese Menschen selbst eines Tages ausgenutzt werden, zum Vorteil anderer. Und immer sieht es dann so aus, als wären die anderen unmoralisch und die Gesetze ungerecht... ja, man wird früher oder später, zum Verlierer. Dann lernt man die Geschichte von der anderen Seite her kennen und lernt den Unterschied zwischen einer echten und einer unechten Spende. Einer Spende also, die von Herzen kommt – oder vom Verstand. Das ist ein riesengroßer Unterschied! Dann, wenn jemand entdeckt hat, welche Variante sich für ihn besser anfühlt, und er / sie ein wirkliches Mitgefühl für seine Mitmenschen entwickelt hat, wechselt diese(r) wiederum die Seite, wird wieder zum Gebenden, diesmal jedoch mit sehr viel anderer Qualität, der Qualität ehrlicher innerer Verbundenheit zu allem was ist, der Qualität des Herzens.

Bescheidenheit ist liebevolles, ehrliches und aufrichtiges Geben und somit dasselbe wie echte Großzügigkeit, welche großherzig, bescheiden und voller Freude bereit ist, alles zu teilen.

Demütige und bescheidene Menschen tragen die Verantwortung für alles, was sie tun und für alles, was auf dieser Welt geschieht. Sie trennen sich nicht ab mit Gedanken wie: „Das hat nichts mit mir zu tun..." oder: „Das ist nicht meine Aufgabe..." oder: „Ich kann nichts dafür.." usw. Und da sie Verantwortung übernehmen, fühlen sie sich nicht schuldig. Schuldig fühlen sich nur Menschen, die auf irgendeiner Ebene für irgendetwas, die Verantwortung nicht übernehmen wollen. Deshalb sind bescheidene Menschen auch mutige Menschen.

Sie sind mutig genug, die Geschicke dieser Welt in die eigenen Hände zu nehmen, mutig genug zu dem zu stehen, was sie glauben, denken, fühlen, sprechen und tun, mutig genug um ihre Verbundenheit mit allem, was ist, nicht zu verleugnen. Sie Sind eins mit der Welt. Und nur wer eins Ist mit der Welt, kann eins mit sich selber Sein und eins Sein mit Gott. Aus diesem Grunde spielt Eigenverantwortung und Bescheidenheit eine wesentliche Rolle auf dem Weg zur Erleuchtung. Bescheidene Menschen sind deshalb nicht unterwürfig und lassen sich nicht versklaven. Sie gehen ihren Weg und das scheint manchmal sehr egoistisch zu sein. Ich denke dabei an Menschen wie Mutter Theresa oder Mahatma Gandhi. Sie hatten stets ein größeres Ganzes vor Augen, eine Vision, welche vielen Menschen diente. Auch alle anderen Menschen dieser Qualität hatten stets ein der Persönlichkeit übergeordnetes Weltbild, eine Vision im Dienste aller, im Dienste der Menschheit.

Bescheidene Menschen finden sich nicht in irgendeiner Höhle des Himalaja, sondern irgendwo, mitten in der Welt, im Dienste des Nächsten.

Nun, ist es Bescheidenheit, wenn ich anstatt meine Ziele zu erreichen, den anderen helfe, ihre Ziele zu verwirklichen? Fast. Wahre Bescheidenheit ermöglicht beides. Wahre Bescheidenheit ermöglicht Selbstverwirklichung und durch diese verhilft man den anderen mehr zu ihrer eigenen Verwirklichung, als mit jedem anderen Dienst. Was nun jedoch nicht bedeutet, dass man die anderen Dienste vernachlässigen sollte, da sonst auch die eigene Selbstverwirklichung zu einem ‚Egotrip' wird.

Ja, bloß im stillen Kämmerlein zu meditieren und in seinen eigenen vier Wänden glücklich zu sein, ist keine Kunst und beweist gar nichts, außer, dass man offenbar nicht fähig ist, unter Menschen glücklich zu sein. Bescheidene Menschen aber lieben die Menschheit und entfalten sich inmitten vieler Menschen umso mehr. Und da bieten sich auch viel mehr Möglichkeiten, ‚etwas Gutes' zu tun! Wer nur an seiner eigenen Erleuchtung arbeitet, beschäftigt sich ja wieder bloß mit sich selbst! Auf diese Weise wird man höchstens zum Yogi – aber nicht zum Meister. Wir werden es wieder erfahren, wie es ist, das Wohl des Nächsten über unser eigenes zu stellen und auch wie es ist, wieder etwas größere Ziele und Visionen zu haben und mehr Selbstvergessenheit zu üben. Vielleicht möchtest Du nun wissen, wie ein bescheidener, erleuchteter Mensch sich fühlt? Er fühlt zu jedem Menschen dieselbe Liebe, wie man üblicherweise zu seinem eigenen Kind fühlt. Wenn Du Dich ´mal so fühlst, dann weißt Du, dass Du auf dem besten Weg zur Erleuchtung bist und mit ziemlicher Sicherheit, bescheiden. Das Resultat davon wird sein, dass Du, einerlei was ist, einfach glücklich bist. Ja, Du fühlst, dass alles in Ordnung ist, was ist, was Du bist und was die anderen sind.

DENKEN (MACHT)

BESCHRÄNKT

Gedanken sind immer begrenzend für die Wirklichkeit...

Tja, vielleicht dachtest Du bis jetzt, dass Denken eine Qualität von intelligenten Menschen sei... Dem widerspreche ich. Denken macht zwar gescheit, jedoch nicht intelligent, geschweige denn weise. Denken ist deswegen nicht schlecht und schon gar nicht, wenn man weiß, zu welchem Zeitpunkt denken angebracht ist. Um zu verstehen, wie ich das nun meine, ist es wichtig zu wissen, was das Denken eigentlich so macht. Üblicherweise bedeutet Denken, etwas – eine Sache, Idee oder Situation – so lange einzugrenzen, bis nur noch die klaren Fakten vorhanden sind. Doch was sind ‚Fakten'? Kann das menschliche Gehirn eigentlich überhaupt zwischen Fakten und Nicht-Fakten unterscheiden? Was befindet sich denn jenseits dieser sogenannten Fakten? Hier nun müssten wir unser Verständnis für „Fakten" definieren. Fakten sind für die meisten Menschen das, was übrig bleibt, nachdem man alles abstrahiert hat, was gefühlsmäßig ist, es rationalisiert und somit entfernt hat. Dies entspricht jedoch aller höchstens der Hälfte der Fakten. Basieren unsere Entscheidungen also auf bloßen Tatsachen (Fakten), so steht deren Richtigkeit in einem Verhältnis von 50:50. Nicht gerade viel versprechend im Hinblick auf wichtige Entscheidungen, würde ich meinen...

Gefühle werden von denkenden Realisten leider nicht als Fakten betrachtet, sondern eher als hinderliche und einem sachlichen Entscheid entgegenstehende Umstände. Sie sind jedoch genauso wichtig, wie die greifbaren und logischen Fakten. Aufgrund von Fakten zu entscheiden bedeutet, dass wir die realistischen, wie auch die gefühlsmäßigen Tatsachen berücksichtigen. Beide Seiten gehören dazu. Mehr noch: Will man nicht der Reihe folgen: „gescheit, gescheiter, gescheitert..." und ihr zum Opfer fallen, sondern wahrhaftig intelligente Wege gehen, so muss das Herz, das Gefühl, an erster Stelle stehen. Denn dieses signalisiert schon vorab, ob es sich überhaupt lohnt, sich mit etwas näher auseinander zu setzen.

Lass mich ein Beispiel machen: Wenn Du eine Vision hast, für die Dein Herz brennt, und Du schaltest den Verstand ein, so wird er Dir unverzüglich mitteilen, weshalb Dein geplantes Unternehmen aussichtslos ist. Er wird tausend ‚gute' Begründungen dafür liefern und Deine Vision sogleich vorab zum Scheitern verurteilen. Er wird Dir sagen, dass Du entweder nicht über das nötige Kleingeld, die notwendigen Begabungen oder Kontakte verfügst oder eben, dass Dein Vorhaben einfach unrealistisch, dumm und unmöglich zu realisieren ist. Und nachdem der Verstand sich auf diese Weise ausgetobt hat, fehlt es Dir dann schlichtweg am nötigen Mut und der Zuversicht für Dein Projekt. Dies ist allerdings keine gute Basis, um mit seiner Realisierung zu beginnen. Dann wirst Du es beiseite legen und Dir selbst sagen, dass es töricht war zu glauben, dies oder jenes erreichen zu können und Du wirst, noch bevor Du damit begonnen hast, aufgeben. Nun ja, wenigstens hast Du Dir damit einige Arbeit erspart und kannst weiterhin Dein gewohntes Leben gefahrlos fortführen. Manchmal jedoch heißt „sein Leben fortführen" auch „sein Leben fortwerfen" (...). Die Entscheidung liegt immer bei Dir. „No risk, no fun" - kein Risiko, keine Freude, respektive kein Erfolg. Dies ist eine uralte Binsenweisheit, welche ich von Herzen unterschreiben kann.

Das Denken wird meistens dazu verwendet Risiko zu vermeiden. Und es macht das sehr gut, denn es vermeidet sogar Risiken, welche gar nicht vorhanden sind! Der Verstand ist schon eine komische Sache. Entweder lässt er Dich aufgeben, bevor Du begonnen hast oder aber er lässt Dich um Dinge kämpfen, welche Dir in Wahrheit gar nichts bedeuten. Er lässt Dich immer um Dinge kämpfen, welche man wieder verlieren kann, um Geld, Frauen oder Männer, Güter, Besitz, Ruhm, Ehre oder was auch immer. Auf solche Dinge musst Du hinarbeiten. Eine Vision jedoch birgt ihr größtes Geschenk im ‚Darauf-hin-leben'. Es ist keine Arbeit eine Vision zu verwirklichen, sondern eine beständige Freude, selbst dann, wenn sie nicht erreicht wird. Die eigentliche Arbeit, wenn Du auf eine Vision hinzu lebst, ist es, den Verstand nicht die Vorherrschaft über Dein Gefühl, über Dein Herz, übernehmen zu lassen.

Schau, Du betrachtest eine Blume... sie ist wunderschön... Du fühlst ihre Anmut und Hingabe mit ganzem Herzen... jetzt beginnst Du zu denken und überlegst, wie diese Blume wohl heißen möge...Was passiert? Genau: Die Schönheit der Blume löst sich auf und Deine Gedanken wühlen im Archiv des Gehirns nach Informationen. Plötzlich befindest Du Dich in einer Welt der Gedanken, welche alles Lebendige verblassen lassen und zu einem bloßen Objekt degradieren.

Am Ende Deiner Gedankenreise, wenn Du mit Deinem Bewusstsein zurückkehrst, wird das Betrachten der Blume nicht mehr dasselbe sein. Die ursprüngliche Faszination und Bewunderung ist der Wahrnehmung durch den Intellekt gewichen. Du hast die Schönheit des Augenblicks zerstört und sie wird niemals wieder dieselbe sein. Die Blume ist nun auf ihren Namen begrenzt und vielleicht auf eine Beschreibung ihrer Herkunft und ihres Verwendungszweckes reduziert... aber die lebendige Erfahrung, dieses Eins-Sein mit ihr, ist ein für allemal verloren.

Das Denken unterbricht also die Verbindung zu allem, was lebendig ist, auch zu Menschen und auch zu Gott. Der Mensch weiß nicht, wie die Dinge wirklich sind, solange er über sie nachdenkt, sie beschreibt oder sie in eine Vorstellung presst. Wir müssen wieder lernen, die Dinge, die Welt, Menschen, Tiere, und Pflanzen zu erleben! Das Denken unterbricht das Eins-Sein mit allem, was da ist. Um die Dinge, wie auch das Leben, jedoch in seiner gesamten Tiefe erleben zu können, stellt dieses absolute Eins-Sein die grundlegende Voraussetzung dar. Es besteht keine andere Möglichkeit etwas vollumfänglich zu erfassen. Ohne dass wir mit dem Leben und den Dingen eins sind, leben wir in einer zweidimensionalen Welt... gut, vielleicht dreidimensional, aber allmählich wird es Zeit in eine nächste Dimension aufzusteigen. Natürlich können die Menschen diese höheren Dimensionen weiterhin den Philosophen, Meistern und diversen Gurus überlassen und weiterhin aus zweiter Hand leben... Aber ich sage Euch, Ihr bezahlt einen sehr hohen Preis dafür, das könnt Ihr glauben. Es ist bei weitem nicht dasselbe, eine Blume anzuschauen, als eine Blume zu Sein!

Ja, das wäre bzw. ist der größte Segen für die Welt: Alle Probleme würden alleine dadurch gelöst werden, dass die Menschen wieder mit allem eins wären. Eins mit Mutter Erde, eins mit der Welt der Mineralien und

Steine, eins mit der Pflanzenwelt, eins mit unseren Tiergeschwistern, eins mit unseren Mitmenschen, eins mit allem, was ist. Weshalb das so wichtig ist? Es ist wichtig, weil Leben „fühlen" heißt, nicht denken! Wenn Du etwas über Blumen erfahren möchtest, dann frage nicht den Gärtner, sondern erlebe Dich selbst als diese Blume. Das nenne ich: Leben aus erster Hand. Die Erkenntnis dessen, was Brot ist, erfährt man nicht durch Lesen eines Rezeptes, sondern dadurch, dass man es isst. Natürlich brauchst Du Wissen, um Brot backen zu können, aber um es zu erfahren, zu essen, dazu benötigst Du dies nicht. Es gibt Menschen, die wollen Dinge machen und solche, die möchten Dinge erleben und andere, die möchten beides.

Die Welt, in der wir leben, ist eine materialisierte Vorstellung, eine Gedankenkreation und somit eine Illusion. Weshalb? Weil diese Welt eine Welt der Begrenzung, Abgrenzung und der Unterschiede ist. Dies vermag nur unser Verstand zu bewerkstelligen. Um überhaupt etwas wahrzunehmen, muss er die Dinge in zeitliche Abläufe und voneinander getrennte Objekte verwandeln.

Ja, stell Dir doch nur ´mal das Durcheinander vor, welches entstehen würde, wenn nichts getrennt wäre und wenn es keinen zeitlichen Ablauf geben würde... Es würde Dich wahnsinnig machen. Dann wärest Du ja direkt in der Einheit (...!) Du könntest nicht mehr zwischen Gut und Böse unterscheiden, zwischen Richtig und Falsch, zwischen Licht und Schatten. Alles würde sich auflösen, eigenartig... Und doch, es ist genau dies unser Ziel auf dem Weg zurück; zurück vom Verstand ins Herz, von der Getrenntheit in die

Einheit. Alles, was Du Dir vorstellen kannst, alles, was Du denken kannst, alles, was Du sehen, greifen oder überhaupt wahrnehmen kannst, ist getrennt. Getrennt von anderem. Damit Du beispielsweise einen Stuhl, einen Tisch oder sonst etwas als solchen in Form, Farbe, Gewicht, Klang und Duft wahrnehmen kannst, muss es sich irgendwie von anderem unterscheiden.

Das bedeutet aber nun jedoch nicht, dass danach, zurück in der Einheit, alles gleich aussieht oder so, nein. Es ist eher so, dass Du es Dir vorstellen kannst wie beim Schnee. Ein Berg voll Schnee, der ganze Schnee sieht gleich aus... aber es scheint bloß so zu sein. Bei genauerem Betrachten ist jeder einzelne Schneekristall ein Unikat, ein mit individuellem Bewusstsein ausgestattetes Wasserkriställchen! Ja, Du kannst jeden einzelnen Schneekristall mit anderen vergleichen und wirst niemals zwei gleiche finden! Mehr noch, Du kannst sogar einen Schneekristall schmelzen und wieder einfrieren lassen und er wird wieder die genau gleiche Kristallstruktur annehmen wie zuvor! Alles hat Bewusstsein, alles ist gleich und doch verschieden. Genau so wie wir alle Menschen sind, mehr oder weniger ähnlich aussehen... vermutlich, von weit weg betrachtet, alle gleich aussehen und doch... jeder von uns ist ein einzigartiges Original und verschieden... aber dennoch sind wir - von einem anderen Bewusstseins-Standpunkt betrachtet - auch alle gleich. Sowohl die Gleichheit wie auch die Unterschiedlichkeit ist in ihrer Größe nicht mehr zu überbieten... Menschen unterscheiden sich nicht primär durch ihr Äußeres, sondern durch ihr Denken, durch ihren Verstand. Je gleicher Menschen denken, umso mehr beginnen sie sich auch äußerlich zu gleichen. Das hast Du bestimmt schon beobachtet.

Männer, die ‚Fans' von Jesus sind, so wie ich, sehen mit der Zeit, je nachdem wie lange man schon Fan ist, auch ähnlich aus. Ja, nach einer gewissen Zeit ähneln sich nicht bloß alte Ehepaare oder verwandte Seelen, sondern sogar Hund und Herrchen oder Frauchen! Tja, Denken scheint uns nicht nur irgendwie zu begrenzen, sondern auch tiefgreifend zu formen. Du wirst zu dem, was Du denkst, innerlich und auch äußerlich, es ist nur eine Frage der Zeit. Wenn Du das überprüfen möchtest, dann denke doch ´mal eine Woche lang, dass das Leben schwer ist und es Dir nicht gut geht... Du wirst staunen, welche Auswirkungen so etwas haben wird!

Je begrenzter das Denken eines Menschen ist, desto verkrampfter wird sein Körper, desto problematischer wird sein Leben und desto kleiner wird für ihn die Möglichkeit sich zu entfalten. Wenn wir zum Beispiel aufhören, uns selbst und unser Leben auf eine Inkarnation zu beschränken (das geschieht ja auch nur im Kopf: an etwas zu glauben oder nicht), desto relativer und ungefährlicher werden unsere weltlichen Probleme. Alles, was Du im Kontext, in Bezug auf die Ewigkeit betrachtest, wird kleiner. Große Sorgen werden klein, schwere Krankheiten werden leicht und große Schuld wird unbedeutend... im Hinblick auf die Ewigkeit.

Tja, Geld zum Beispiel reicht Dir für eine Inkarnation, sich darum zu sorgen, ist begrenztes Denken. Es führt dazu, dass Du Geldverdienen als Lebensinhalt betrachtest. Aber wenn Du weißt, dass es ein beständiges Fließen ist, auch der Geldfluss von Leben zu Leben, dann entspannt Dich das und Vertrauen wächst. Angst zum Beispiel ist der deutlichste Hinweis auf beschränktes Denken. Seine bestechendste Argumentation liegt darin zu sagen, dass man doch realistisch und vernünftig sein solle. Aber was ist denn Vernunft? Was ist realistisch? Ist der Verstand vernünftig? Kann er überhaupt realistisch sein, wenn er uns doch fortwährend begrenzt und klein hält? Du willst Gott erleben... also gib zu allererst das Denken auf. Dies ist die größte Herausforderung auf Deinem Weg zur Erleuchtung. Du wirst nicht ‚dumm' ohne zu denken, sondern weise! Weisheit entsteht nicht im Gehirn, es sind nicht die vielen unzähligen Erkenntnisse, welche Dich weise werden lassen, sondern die Liebe, das Fühlen. Fühlen alleine birgt in sich die Wahrheit, die Weisheit, die Realität. Alles, was Du jemals gefühlt hast, wird Dir auf alle Ewigkeit erhalten bleiben, Wissen verblasst und verschwindet früher oder später. Bei einigen schon in diesem Leben... Vergesslichkeit... Alzheimer etc.

Wenn das eintritt, dann rückt das Fühlen wieder an vorderste Stelle. Ja, spätestens auf dem Sterbebett fangen alle wieder zu fühlen an. Aber ob wir so lange damit warten wollen? Sterbende begegnen ihren ebenfalls verstorbenen Angehörigen. Warum? Sie sehen plötzlich Farben, Formen, Visionen. Weshalb? Sie hören Stimmen, Musik und Klänge. Wieso? Weil sie ihr Denken loszulassen beginnen! Je weniger man denkt, umso mehr fühlt man. Hellsicht(igkeit) ist keine besondere Fähigkeit, jeder besitzt sie. Sie ist bloß überlagert und verschüttet. Wovon? Vom Denken.

Achtung Revolution!

Es gibt Theorien, welche besagen, dass es für den Menschen wichtig wäre, sich an seine Träume zu erinnern. Wissenschaftler haben erforscht, wann, wie lange und wie intensiv Menschen träumen. Aber sie haben sich nie gefragt, was Träumen eigentlich in Wirklichkeit ist. Natürlich, sie sagen, dass wir den Alltag dadurch verarbeiten... und das stimmt auch. Nur eines ist ihnen entgangen: Träumen heißt Denken, Vorstellungen machen, aktiv sein. Meister träumen nicht. Ich weiß, das klingt revolutionär... die Menschen denken also selbst noch dann, wenn sie schlafen! Meister leben im Hier und Jetzt, in der absoluten Gegenwart. Sie integrieren somit alles augenblicklich. Da ist es nicht nötig, nachts noch davon zu träumen. Sie haben keine unerledigten Hausarbeiten und müssen demnach auch nicht nachsitzen. Nachsitzen ist immer eine Sache des Verstandes, wenn er etwas nicht begreift, begriffen hat oder begreifen kann oder will. Somit sind die durchschnittlichen Menschen, oder besser gesagt, Träumer so selten wirklich ausgeruht. Denker sind Träumer! Sie sitzen im Gefängnis, in einer Gehirnzelle und bauen sich gedanklich eine Scheinwelt der Illusionen auf. Diese erleben sie dann und schon proklamieren sie es als Realität oder Wahrheit. So einfach ist das für sie. Na ja, lassen wir sie eben weiterträumen... Gute Nacht. ☺ Hollywood scheint also nicht eine ‚Filmfabrik' in Kalifornien / USA zu sein, sondern in unserem Verstand. Und wenn das so ist, dann empfehle ich jedem, sein Schauspiel auch mindestens so zu genießen, wie wenn er es sich im Kino oder vor dem Fernseher anschaut. Mehr ist das nicht, was die meisten ‚Leben' nennen.

Aber wenn es wenigsten Spaß macht und unterhaltsam ist, wieso nicht...

Also, wofür plädiere ich? Ich plädiere für eine Umkehr, für die Umkehr von 99,99% Denken und 0,01% Fühlen zu 99,99% Fühlen und 0,01% Denken. Alleine das würde vollauf genügen, um den Himmel auf Erden zu erleben. Du kannst jetzt über meine Worte nachdenken, um dann vermutlich nie dahinter zu kommen, wovon ich überhaupt spreche. Oder, Du kannst sie wirken lassen... Dich zurücklehnen und spüren. Nur die umfassende Weite Deines Gefühls kann das von mir Gesagte auch wirklich erfassen. Gedanken bleiben immer an der Oberfläche. Der Verstand hat bloß einen kurzen Atem. Um in die Tiefen des unendlichen Ozeans Leben eintauchen zu können, braucht es nach wie vor Herz! Das Herz alleine ist fähig in jenen Dimensionen zu atmen, zu überleben und zu Sein. Und falls Du ´mal wieder auftauchst, dann wundere Dich nicht, dass Dich keiner verstehen wird. Sie kennen ja nicht die Tiefe des Ozeans... sie surfen noch auf den Wellen des Verstandes und kennen noch nicht die wundervolle und faszinierende Welt darunter.

Wer jedoch einmal in diese herrlich spannende ‚Fauna' und ‚Flora' abgetaucht ist, wird, wenn er wieder an die Oberfläche auftaucht, ein anderer Mensch Sein. Vielleicht wird er wieder surfen, das kann schon sein, aber er surft nicht mehr bloß auf der Wellenoberfläche. Er surft nicht mehr auf der Welle. Er Ist die Welle! Fortan befindet er sich nicht mehr auf dem Ozean, sondern er Ist der Ozean! Für die anderen, die ‚Oberflächlichen', die Verstandesmenschen, für die mag es noch immer gleich ausschauen, aber es ist nicht mehr dasselbe. Über diesen Unterschied kann man nicht reden oder ihn jemandem per Verstand wirklich näherbringen, mit Worten oder so. Nein, man muss es selbst erleben. Du kannst nicht den anderen zum Tauchen bewegen oder zwingen, solange er sich davor fürchtet, aber Du kannst ihm die Sehnsucht nach der Tiefe des Seins erwecken. Dann, eines Tages, wird er eintauchen und dann, wenn er wieder auftaucht, dann sprich mit ihm.

Wenn Du also Deine Wahrheit finden willst, musst Du bis auf den Grund des Ozeans Deines Bewusstseins tauchen. Ja, und selbst wenn Du am Meeresgrund angelangt bist, höre nicht auf, grabe weiter, es geht weiter, immer weiter... immer weiter... immer weiter... immer weiter...! Wer glaubt, am Ziel, am ‚Ende des Universums' angekommen zu sein, der befindet sich erst am Anfang seiner Reise. Somit wünsche ich also allen Menschen, welche meine Worte vernehmen, schlicht eine gute Weiterreise!

EIN MEISTER SIEHT

TÄGLICH ALLES NEU

Altes existiert nicht in einem meisterlichen Bewusstsein

Aus Alt kann nie Neu werden, denn Alt existiert nicht, alles ist neu, immer. Demnach gilt dasselbe in Analogie auch für Alt und Jung. Natürlich will der Verstand uns weismachen, dass wir altern und, dass es eine Zeit gibt, welche vergehen kann. Dies ist wahrscheinlich eine der größten Lügen überhaupt! Klar, auf den ersten Blick mag es ja tatsächlich so aussehen: Die Dinge scheinen zu altern, Menschen scheinen zu altern, alles scheint zu altern. Ich möchte Dich und vor allem Deinen Verstand nicht zu stark herausfordern, aber es handelt sich hierbei um eine katastrophale Missinterpretation.

Nur weil sich alles verändert, heißt das noch lange nicht, dass es älter wird. Wir haben es hier nicht mit einem Alterungs-, sondern mit einem Schöpfungsprozess zu tun.

Ich bleibe bei meinen Ausführungen einfachheitshalber beim Beispiel Mensch. Der Mensch altert nicht im herkömmlichen Sinne, sondern erschafft sich in jedem Augenblick neu. Natürlich will er sich nicht andauernd gleich erfahren, er ist zu neugierig und besitzt eine große Portion Abenteuerlust. Dieser scheinbare Alterungsprozess ist bloß deswegen so weit verbreitet, weil die Menschen sich einst entschlossen, so etwas wie einen Tod zu erleben. Entgegen aller Behauptungen ist es nämlich gar nicht so leicht zu sterben. Also reduziert der Mensch so nach und nach seine Lebensenergie, um ganz sicher zu gehen. Würden die Menschen jedoch nur einigermaßen mit ihren Kräften und energetischen Ressourcen haushalten, so lebten sie locker einige hundert

Jahre! Es gibt Yogis und Meister, welche dies seit jeher verwirklichen.

Die Menschen verbrauchen nicht nur ökologisch gesehen ein Übermaß an Energien, sondern auch feinstofflich. Ja, sie achten einfach nicht auf das Gleichgewicht, weder auf das äußere noch auf das innere. Leider. Sie wissen nicht mehr, wie die Verhältnisse sind zwischen arbeiten und ruhen, essen, trinken und fasten, lachen und weinen, reden und schweigen, geben und nehmen usw. Wenn man natürlich so damit umgeht, wie es die meisten Menschen tun, dann verwundert es nicht, dass die meisten bereits in einem jugendlichen Alter von +/- 70 Jahren sterben. Aber auch das ist kein Beweis für die Richtigkeit der Aussage, dass alles altert. Es beweist höchstens den materialistischen Standpunkt, welchen wir bewusstseinsmäßig eingenommenen haben.

Würde unser Verstand nicht in der Lage sein zu vergleichen, dann wüssten wir nicht, was altern bedeutet.

Ja, altern ist nicht ein natürlicher Vorgang, sondern ein Problem unserer Verstandesmaschine. Ich weiß, das klingt alles sehr provokant oder auch revolutionär, aber ich denke, so ist es. Viele moderne Wissenschaftler sind diesbezüglich mit mir einig. Vorerst ist es bestimmt bloß eine Ansichtssache, aber sie könnte eine immense Wirkung entfalten, wenn sie erst einmal angenommen ist. Ich bin leider auch erst seit kurzem dabei dies so zu betrachten, deshalb will es mir einfach nicht recht gelingen, graue Haare zu bekommen... Nun, ich bemühe mich zwar sehr darum, denn als alter weißhaariger Meister erzielt man wohl eine viel höhere Effizienz seiner Lehren, aber auf mehr als 10, 15 weiße Haare habe ich es noch nicht gebracht - unvollkommen, wie ich nun ´mal noch bin!... Gut, ich will jetzt nicht allzu weit vom Thema abschweifen. Eigentlich wollte ich ja nur darlegen, dass alles immer neu ist. Jeder Tag, jede Stunde, jede Sekunde, jeder Augenblick. Nichts bleibt länger als einen Augenblick so, wie es ist. Wenn wir zum Beispiel ein Objekt wahrnehmen, dann ist es, wenn wir es beschreiben oder analysieren, bereits nicht mehr dasselbe. Klar, die augenblicklichen Veränderungen können die meisten Menschen und auch Wissenschaftler nicht wahrnehmen, aber jede Aussage betrifft gezwungenermaßen die Vergangenheit. Selbst unsere zukunftsgerichteten Mutmaßungen werden nur aufgrund eines Vergleichs mit der Vergangenheit möglich. Es handelt sich aber dennoch nicht um Wissenschaft oder Wissen, sondern bloß um Realisierungsmöglichkeiten. Welche davon dann eintrifft, bestimmt der Mensch aufgrund seines Bewusstseins. Alles das, was wir als unsere physikalischen Gesetzmäßigkeiten bezeichnen, sind in Wirklichkeit bloß Massenüberzeugungen der hier inkarnierten Bewusstseinsspezies: ‚Mensch'.

Es ist bei weitem nicht so, dass alles, was lebt, Mensch ist. Oft aber ist es einzig der Mensch, der nicht zu leben versteht.

Wenn man also genau hinschaut, nicht bloß auf die Materie, sondern auch auf das energetische Feld darum herum, dann erkennt man sofort, dass alles in jedem Augenblick neu ist. Alles ist stets in Bewegung, da gibt es nichts Unveränderliches. Ja, alles ist höchst lebendig. Alles. Und ja, nur weil man keine Antworten hat, braucht man es ja nicht gleich wieder falsch zu interpretieren! Manchmal erschließen sich uns die Dinge einfacher, wenn wir sie – antwortenlos – einfach so stehen lassen, wie sie sind. Und schon eröffnet sich uns plötzlich eine neue Welt. Aber vermutlich müssen, wie immer, zuerst ein paar erleuchtete Wissenschaftler den Weg ins Bewusstsein der Masse ‚Mensch' ebnen, bevor diese ein Umdenken auch nur in Betracht zieht.

Zumindest haben wir alle schon ´mal von erneuerbarer Energie gehört... das Nächste, die Energie der Zukunft, wird derart gestaltet sein, dass sie sich durch Gebrauch nicht einmal mehr verbraucht. Wenn das keine gute Nachricht ist?! Und wenn dies erst gang und gäbe geworden ist, dann werden wir einer Zeit entgegensehen, in welcher die Menschen weder altern, noch erkranken werden. Gut, das dauert wohl noch ein wenig... aber urteile bitte nicht über meine Worte, bevor die Zeit nicht soweit fortgeschritten ist, dass sich meine Vorhersage bewahrheiten konnte.

Ich danke Dir für Deine diesbezügliche Großzügigkeit und Geduld.

Wichtig!
Eines ist wichtig für Dich zu wissen, nämlich, dass es Dich nur einmal gibt. Du bist ein absolutes Original und in jedem Augenblick neu, schöner, reifer, tiefer, weiter... Eben, ganz speziell Du, einzigartig und wundervoll. Gerade deswegen, weil Du immer ‚neu' bist. Das ergibt in der Folge ein Leben von veränderter Realität. Und ich glaube fast, dass dies mitunter auch der Grund dafür ist, dass Du meine Worte hören oder

lesen möchtest... Du suchst vermutlich nach (D)einer neuen, anderen Realität. Ich hoffe, dass Du schon jetzt ein wenig davon erhaschen konntest und wünsche Dir alles Gute. Suche einfach nicht zu fern... die Dinge liegen meist näher, als man vermutet. Werde Meister, werde Meisterin, nicht im Suchen, sondern im Finden!

Etwas zum Meditieren:
„Um alle Dinge immer neu zu erfahren, muss man den Verstand nicht fortwährend füttern, wie ein hungriges Tier, sondern begreifen, dass er ein Gefäß ist, welches auch einmal geleert werden will."

Noch wichtiger!
Neueste wissenschaftliche Forschungen haben ergeben, dass es tatsächlich möglich ist, die Alterung der Zellen zu stoppen! Das ist erstaunlich, aber noch viel überraschender wird es für die meisten Menschen sein, zu hören, wie das vorsichgeht: Es hängt zusammen mit dem, was wir fühlen. Fühlen wir immer wieder dieselben Gefühle, altern unsere Zellen. Beginnt man wieder spielerisch, neugierig und forscherfreudig zu leben, erlebt man immer wieder neue, gegenwärtige Gefühle, so hört die Zellalterung auf!

Und wieder einmal bewahrheitet sich ein bekanntes Sprichwort noch deutlicher, als wir es vermutlich zu hoffen gewagt hätten:

„Wir hören nicht auf zu spielen, weil wir alt werden, sondern wir werden alt, weil wir aufgehört haben zu spielen."

BE WHAT YOU ARE – SEI DU SELBST

Leben ohne Sünde

'Be what you are.' heißt: 'Sei was Du bist'. Wo man hinschaut, wird gelehrt, wie man sein sollte und wie nicht. Alle Religionen, alle esoterischen Strömungen, alle gesellschaftlichen Normen und fast jede spirituelle Lehre predigen solch´ einen Unsinn. Wer weiß denn schon, wie Du richtig bist und wie nicht? Was richtig und falsch ist? Wer kann es sich schon anmaßen, als Rechtsprecher in Sachen So-Sein, wie Du sein solltest, zu fungieren? Und wie bitte schön, selbst wenn diese Richtlinien wahr wären, sollte das denn funktionieren? Wie kann ich zum Beispiel jemandem vergeben, wenn ich ihn nicht liebe? Wie kann ich zum Beispiel wahrhaftig enthaltsam sein, wenn ich noch so viele Bedürfnisse verspüre? Wozu führen denn solche Moral- und Wertevorstellungen?

Offenbar führen sie bloß zur Unterdrückung seiner selbst. Und wozu soll das denn bitte gut sein? Kennen wir die Resultate von Unterdrückung nicht schon bis zur Genüge? Der Priester wird zum Kinderschänder, Politiker werden zu korrupten Verbrechern, Ärzte mutieren zu Krankmachern, gesunde Menschen zu Psychotikern und, und, und...

Ja, in Tat und Wahrheit führt eine solche Unterdrückung der eigenen Persönlichkeit – einerlei aus welcher Motivation heraus diese betrieben wird – zu ernsthaften Persönlichkeitsstörungen, Unzufriedenheit, Frustration, Entmutigung und Kontrollverlust. Jeder Unterdrückung folgt eine Revolution. Die Gegenkraft revoltiert gegen und sabotiert das gewünschte Idealverhalten und es kommt zu wüsten inneren und äußeren Auseinandersetzungen. Gerechtigkeitsfanatiker werden ungerecht, Asketen maßlos im Maßhalten, Enthaltsamkeit entartet zu Perversion und geistiges Streben zum Egotrip.

Es sind ja alle Kriege – in letzter Konsequenz – Glaubenskriege. Auch zu glauben, man sollte anders sein als man ist, führt zu Krieg. Zu einem inneren Streit vorerst und in der Folge dann zum äußeren Krieg gegen Andersgläubige. Hier, meine Freunde, tut Revolution Not! Es ist in der Tat Zeit für eine nie da gewesene Revolution. Eine ‚Re-Evolution'!

Ich plädiere für eine ‚Re-Evolution'!
Wenn wir glücklichsein wollen und in Frieden miteinander leben wollen, dann bedarf es tatsächlich einer Revolution, einer spirituellen ‚Re-Evolution'. Wir müssen wieder zu dem werden, was wir sind. Wir müssen wieder erkennen, dass wir gut sind, so wie wir sind. Wir müssen wieder den Mut aufbringen, zu uns zu stehen und zu unseren Bedürfnissen. Anfangs sieht es womöglich nicht ganz so spirituell aus, wie wir dann sein werden aber, zumindest sind wir nun wieder ehrlich. Wahrhaftigkeit ist oberstes Gebot, oder? Ja, wenn es doch nur nicht so unangenehm wäre, gell...?!

Wenn ich sage, dass Revolution Not tut, dann meine ich damit, dass Ehrlichkeit Not tut!

Ständig lügen die Menschen sich selbst und anderen etwas vor. Sie geben vor, dass sie so oder so seien und keinesfalls so... Sie verstellen sich ununterbrochen und wundern sich dann, weshalb sie ihre inneren Ziele nicht erreichen. Alle Kraft und aller Wille werden verwendet um der Welt ein spezielles Bild von sich zu präsentieren. Warum aber, so sollten wir uns fragen, geben wir ständig etwas vor? Was wollen die Menschen dadurch überhaupt erreichen? Es gibt Menschen, die sind sehr fleißig, andere äußerst geduldig und wieder andere sind immer fröhlich und gut gelaunt. Wieso tun sie das? Einer ist bekannt für seine Intelligenz, ein anderer für seine Hilfsbereitschaft und wieder andere für ihre Bescheidenheit. Einige spielen Heilige, andere geben sich als Komplizen (Freunde) aus. Aber sie sind nicht wirklich, was sie vorgeben zu sein! Doch warum tun sie das? Warum bemühen sie sich so, diese Dinge zu tun? Was wollen sie? Was glauben sie, dadurch erreichen zu können? Ich kann es Dir sagen, sie alle wollen dasselbe: geliebt werden!

Wie dumm, wie verblendet die Menschen doch sind (...) Sie spielen einander gegenseitig etwas vor, ziehen sich Masken über Masken über, um geliebt zu werden. Manchmal, so scheint es zumindest, funktioniert das auch und sie fühlen sich angenommen, wertgeschätzt und akzeptiert. Aber wollten sie das? Nein, sie wollen geliebt werden! Und was lieben die anderen dann an einem / einer - an mir! - wenn sie mich ja gar nicht wirklich kennen, weil ich ihnen ja bloß meine Masken zeige? Meine Masken! Ja, sie lieben dann nicht mich, das, was mein Wesen ausmacht, sondern das, was ich vorgebe zu sein. Und: Das eigene Sein und die Freude am eigenen So-Sein, am unverstellten Leben selbst, bleiben ebenfalls auf der Strecke. Nicht ich oder Du werden solcherart dann geliebt, sondern die Rollen, welche vorgespielt werden. Ein solches ‚Geliebt-werden' sättigt jedoch unser Bedürfnis nach Liebe nicht. Unser Liebeshunger wird dadurch nicht gestillt. Er bleibt bestehen und versucht auf immer raffiniertere Art und Weise, sich die Liebe der anderen zu erkaufen oder gar zu erzwingen. Manche Menschen gehen dann zur effektivsten aller Maskenspiele über und mimen das Opfer. Aber was bekommt denn ein Opfer? Liebe? Nein! Mitleid. Und weiterhin bleibt der Hunger ungestillt. Irgendwann beginnen sie, Liebe zu erzwingen. Und dafür ist ihnen jedes Mittel recht. Einige gehen gar so weit, dass sie sagen: „Wenn Du mich nicht liebst, dann bringe ich mich um."

Sterben ist manchmal gar nicht so schlecht

Manchmal, wenn jemand gestorben ist, lieben wir ihn tatsächlich. Und wie geschieht das? Was hat sich dadurch denn verändert? Zu sterben ist ja nicht wirklich ein Verdienst, oder? Und in der Tat, nicht beim Verstorbenen hat sich etwas Wesentliches geändert, sondern bei uns! Aber was? Jetzt, da er / sie tot ist, haben wir alle unsere Ansprüche daran, wie der andere sein solle (damit wir ihn lieben können), fallen gelassen. Das alles zählt nun nicht mehr. Unser Leid über den erlittenen Verlust hat unser Herz berührt. Unser Herz ist dadurch aufgebrochen und unsere Liebe kann wieder ungehindert fließen. Wir vermissen dann plötzlich das Wesen und achten nicht mehr auf die Masken. Tja, gebrochene Herzen sind offenbar eben auch offene Herzen (...)

Doch da diese Herzen durch Schmerz geöffnet wurden, verschließen sie sich meist, proportional zur Abnahme des Schmerzes, erneut und das Spiel geht weiter wie gehabt. Die beste Möglichkeit, welche uns das Universum bietet, um unsere Masken abzulegen ist: ein vollständiger ‚Gesichtsverlust'. Davor fürchten sich die meisten Menschen. Doch warum...?! Es ist doch nie das eigene Gesicht, das man verlieren kann! Es sind doch bloß Masken und das, was zum Vorschein kommt ist unser wahres Gesicht. Klar, alle unsere Freunde werden damit auf die Probe gestellt. Wer Dich noch weiterhin lieb hat, obwohl er Dich jetzt wahrhaftig kennt, der alleine liebt wirklich ‚Dich'. Die anderen – sie haben bloß Deine Masken geliebt, an dem was Du wirklich Bist, lag und liegt ihnen nun rein gar nichts. Das ist die bittere Erkenntnis eines wahrhaft spirituellen Weges. Doch bevor ich es vergesse, auch Du wirst dadurch auf die Probe gestellt. Bist Du noch Dein bester Freund, und: warst Du es jemals schon...?! Kannst Du Dich selbst auch dann noch lieb haben? Oder – hat Deine Liebe zu Dir selbst vielleicht gar erst jetzt eine wahre Grundlage gefunden...?!

Die ersten Erkenntnisse sind bitter. Man ist zunächst meist komischerweise enttäuscht von sich (und auch von den anderen), wenn man sich eingesteht, wie man wirklich ist. Ja, Du bist nicht so lieb, nett und freundlich, wie Du es immer zu sein versucht hast! Auch Deine Freunde sind nicht so, wie Du sie bis anhin wahrgenommen hast! Das ist bitter. Wenn Du es danach jedoch schätzen lernst, dass es angenehmer ist, einen echten Feind zu haben anstatt eines falschen Freundes, dann beginnst Du wieder von der Süßigkeit, von der Essenz des Lebens, zu kosten. Dann bist Du Dir selbst bald lieber mit Deinen ‚Fehlern' als mit Deinen Masken und ihrem schauspielerischen Gehabe, diesen erfolglosen Darbietungen von etwas was Du gar nicht bist.

Du musst so sein, wie ich es will!
Kurz gesagt ist das die Essenz einer jeden Lehre, sei sie nun religiöser-, gesellschaftlicher- oder esoterischer Natur. Und das ist natürlich total hirnverbrannt! Ich glaube nicht, dass der ‚Liebe Gott' Dich irgendwie anders haben will, als Du es bist. Wozu sollte er Dich denn gerade so erschaffen haben? Wieso verlieh er uns allen einen freien Willen? Wie hätte er sonst seine Schöpfung betrachten und sagen können: „Es ist gut, so wie es ist!"...?

Nun, wenn Du also tatsächlich so Sein sollst wie Gott Dich wollte, dann kannst Du es ihm gleich machen, indem Du Dich selbst liebst, so wie Du bist!

Wenn Dir das gelingt, dann und erst dann, kannst Du auch die anderen so lieben, wie sie sind. Dann kehrt Friede in Dir und in der Folge auch Friede in der Welt ein. Das ist meine ‚Lehre'. Ansonsten ist sie ziemlich leer (...) Sie strotzt nicht vor Regeln und Gesetzen oder vor Drohungen wie Sünde, Karma, Himmel und Hölle etc. Ich lehre: „Sei, wie Du bist." und biete Inspiration sowie effiziente und erprobte Bewusstseinsübungen, welche den ursprünglichen menschlichen Bewusstseinszustand wieder herzustellen vermögen. Mehr nicht. Allerdings führt eine solche Restrukturierung unserer Bewusstseinsmatrix zu bedeutenden, herausfordernden und oft eindrucksvollen Ergebnissen.

Ich will nicht, dass jemand so wird oder das glaubt, wie ich es bin oder was ich glaube. Wer bin ich denn?! Nein! Ich will, dass jeder sich seiner selbst bewusst wird um er / sie dann auch selbst zu Sein. Ich teile oft nicht die Meinung anderer, dennoch würde ich alles dafür tun, dass jeder seine Meinung äußern und zu ihr stehen darf. Meinungs- oder Wesensänderungen können nicht dauerhaft sein, wenn sie aufgrund irgendeiner Forderung irgendeines Propheten, Gesetzes oder aufgrund irgendeiner Moralvorstellung entstanden sind. Solide Veränderungen geschehen immer von innen heraus. Sie geschehen so – nur aus ‚Einsicht'. Nicht Einsicht im Sinne von: ‚Ok, ich habe es eingesehen...', denn dies ist eine reine Kopf-Sicht. Ich meine dies in Form von: ‚Ich erkenne...'. Deshalb sagten die alten Griechen, dass Selbsterkenntnis die Essenz sei. Sie sagten nicht Einsicht, sondern: Selbsterkenntnis...

„Gnothi Seautón" – „Mensch, erkenne Dich selbst" – eine Einsicht des Herzens ist gefragt: Mensch (er)lebe Dich selbst – um dich auch selbst zu erfahren. Für die Griechen gehörten ‚Selbsterleben' und ‚Selbsterkennen' untrennbar zusammen. Daher auch verehrten sie stellvertretend beide Gottheiten (Dionysos – als personifiziertes ‚Selbsterleben' und Apollon – als personifizierte ‚Selbsterkenntnis') im selben Tempel zu Delphi.

Gautama Buddha's letzte Worte

Die letzten Worte des Gautama Buddha waren:
„Seid euch selbst ein Licht!"

Nun, Buddha war vielleicht ein ‚Ver-rückter' aber bestimmt kein Idiot. ‚Gautama' heißt ja: der ‚Erwachte'. Wenn ein Meister seine letzten Worte spricht, dann sind diese wohl die wichtigsten aller gesprochenen Worte eines solchen Menschen. Und wenn Du seine letzten Worte verinnerlichst, dann wirst Du erkennen, dass er nichts anderes gesagt hat als:

Du selbst bist der Leitstern, dem Du folgen sollst. Er musste es ja wissen! Hat er doch das Ziel aller Ziele erreicht (...)

So lass Dich also nicht davon abhalten Du selbst zu Sein und zu Dir zu stehen, so wie Du bist, denn einen anderen Weg gibt es nicht. „Alle Wege führen nach Rom", dieses Sprichwort kennst Du bestimmt. Rom heißt auf Italienisch: Roma. Geh den Weg von dort zurück zu Dir - lies es rückwärts - und Du weißt, wie dieser Weg gelingen kann: AMOR = Liebe. Die Lösung heißt: LIEBE!

Zu lieben heißt übrigens: zu leben. Alles andere nenne ich: vegetieren.

Und wo beginnt sie, die Liebe? Genau, gleich bei Dir. „Warum denn in die Ferne schweifen, wenn das Gute liegt so nah?" Das kennst Du bestimmt auch, gell? Tja, vielleicht verstehst Du jetzt, was damit gemeint ist...

GERECHTIGKEIT

Ge-recht-ig-keit und für mich bedeutet es soviel wie: Geh recht ich – und authentisch meinen Weg? Alles was authentisch und ehrlich ist, ist für mich auch gerecht. Heutzutage bestimmen ethische-, religiöse- und gesetzliche Richtlinien was gerecht ist – und was nicht. Das ist meines Erachtens völlig verkehrt. Wer von Gerechtigkeit spricht, sucht letztlich immer bloß einen Grund um zu verurteilen. Nur Opfer und Verbrecher reden von Gerechtigkeit, das sollte man sich ´mal ganz genau überlegen! Wer selbst gerecht ist, der benötigt keine Gerechtigkeit. Wer selbst wahr ist, der fordert keine Wahrheit. Ein authentischer Mensch fürchtet keine Authentizität von anderen oder der Welt. Er kann damit umgehen. Echter Schmerz ist ihm allemal lieber, als falsche Freude, echte Feinde lieber als falsche Freunde und echte persönliche Integrität als inneres Maß – auch bei anderen – sind ihm weitaus lieber als äußere Gesetze.

Doch persönliche Integrität erfordert Verantwortungsbewusstsein, persönliches Verantwortungsbewusstsein. Wer diese nicht besitzt, beruft sich gerne auf Gesetze und meint, diese auf Biegen und Brechen, für das Allgemeinwohl durchsetzen zu müssen. Die beste Methode diese Welt gerechter – stimmiger – zu machen besteht meines Erachtens darin, selbst gerechter zu werden. Wäre das allgemein verbreitet, so würden den weltlichen und religiösen Machthabern unseres Planeten, ihre wichtigsten Manipulationsinstrumente genommen werden: die Gesetze. Jedes weltliche oder religiöse Gesetz besitzt irgendwo eine Lücke oder wird durch ein weiteres relativiert. Dies, damit jene, welche die Gesetze machen, immer einen Ausweg haben nicht selbst verurteilt zu werden. Persönliche Integrität ist fühlbar, sie ist lückenlos.

Gerechtigkeit wird als sehr absoluter Begriff gehandelt und ich frage mich, welcher Mensch wohl in der Lage ist erkennen, zu können, was absolut gerecht ist und was nicht. Dieser müsste über eine gottgleiche Wahrnehmungsfähigkeit der Dinge verfügen um alles bis ins kleinste und auch bis ins größte Detail überschauen zu können. Dies überlasse ich lieber Gott selbst. Je weiter sich das Bewusstsein und die persönliche Integrität eines Menschen entwickelt hat, desto weniger wird dieser urteilen. Denn er hat erkannt, dass er niemals alles zu überschauen vermag und somit jedes seiner Urteile falsch sein würde. Deshalb lässt er es lieber gleich bleiben und vertraut auf die Gerechtigkeit des Lebens als solche.

Alles, was dem Menschen in seiner begrenzten Kleinheit ungerecht erscheint, dient in Wirklichkeit einer höheren, übergeordneten Gerechtigkeit. Menschen die darauf vertrauen, brauchen keine Gesetze, sondern Mut. Doch Mut ist eine Tugend, welche leider den meisten Menschen irgendwie abhanden gekommen ist.

Ich selbst anerkenne keine weltlichen Gesetze in ihrem Absolutheitsanspruch. Ich halte mich möglicherweise an sie, aber ich anerkenne sie nicht als ‚gerecht'. In was für einer Welt leben wir eigentlich, dass es notwendig ist, ein Gesetz zu erlassen, welches das Töten verbietet? Ist das nicht selbstverständlich und natürlich, dass man seine Brüder und Schwestern nicht umbringt? Dass man nicht stehlen darf? Wer fühlt denn nicht, dass dies unangenehm ist? Unsere Gesetze sind für Irrenhäuser gemacht und nur für stumpfsinnig Gewordene notwendig. Tja, vielleicht müsste ich einsehen, dass die Menschheit wohl stumpfsinnig ist? So stumpfsinnig, dass selbst Gesetze für Schlachthöfe erlassen werden. Schlacht-Höfe! Oh mein Gott, wie verwirrt müssen die Menschen sein, dass sie Schlachthöfe bauen (...) Ist das menschliche Bewusstsein tatsächlich noch nicht so weit gereift, dass es erkennen kann, dass so lange es Schlacht-Höfe gibt, es auch Schlacht-Felder geben muss? Ich richte jetzt nicht, denn ich sage nicht, dass dies schlecht ist, aber wer von uns weiß nicht, dass alles, was der Mensch tut, auf ihn zurückfallen wird? Kriege sind keine Strafe, sondern bloß die logische Folgerung unserer Lebensweise. Wir sollten sie, uns selbst zu Liebe, ändern – aus Einsicht, nicht aufgrund irgendwelcher Gesetze.

Gerechtigkeit ist genauso relativ wie Wahrheit

Genauso, wie Wahrheit relativ ist, ist es auch die Gerechtigkeit. Sie ist immer nur aus einer bestimmten Sichtweise betrachtet ‚gerecht' oder wahr. Aus einer anderen besehen, kann sie vollkommen falsch sein. Richter, Propheten, Priester und Lehrer können sich irren – das Leben nicht! Um das Leben zu verstehen, müssen wir wagen in es einzutauchen. Wir müssen wieder den Mut aufbringen, uns ihm hinzugeben, uns auf es einlassen. Das Leben besitzt die Fähigkeit uns direkt und ohne Missverständnis mitzuteilen, was richtig und was falsch ist. Wenn wir mit und von Herzen leben, so antwortet das Leben auch genau dort – im Herzen. Es teilt sich über unsere Herzen mit. Wir nennen es Gewissen. Ge-Wissen, das ist das Wissen um die Gerechtigkeit aller Dinge. Es ist wahre Herzens-Intelligenz. Je intelligenter ein Mensch – und auch ein System – ist, desto weniger Gesetze werden benötigt. Die Intelligenz der Menschheit ist leicht daran ablesbar, wie viele tausende von Gesetzen sie benötigt, nur um es dennoch nicht zu schaffen, in Liebe und Frieden miteinander zu leben. Die Natur kennt nur ein Gesetz: Authentizität. Alles ist und verwirklicht, was es ist.

Jeder hat die Freiheit, das zu sein, was er ist. Das ist Gerechtigkeit.

Womöglich ist diese Weisheit für die Menschheit noch zu groß, aber eines Tages werden die Menschen es verstehen. Es wird der tatsächliche Beginn des neuen Zeitalters sein.

Bist Du bereit, integer und authentisch genug um es mitzubegründen? Der ‚Verwaltungsrat' dieses unseres Planeten sucht noch Mitschaffende (...)

Wir brauchen Dich.

GELASSENHEIT, HEITERKEIT, LIEBE UND FREIHEIT

Viele glauben, dass einer schon ein Meister wäre, der über Gelassenheit verfügt. Dem ist nicht so. Unsere Gelassenheit gründet nicht auf Erleuchtung, sondern auf einer unterschiedlichen Betrachtungsweise des Lebens. Ich nenne sie die ‚bescheiden-luxuriöse' Lebensanschauung. Dazu möchte ich euch eine Geschichte erzählen, die ich gehört habe und die verdeutlicht, was ich meine:

Eines Tages machte ein Vater mit seinem Sohn eine Reise aufs Land, mit dem Ziel, ihm zu zeigen, wie reich sie wären. Sie verbrachten einen Tag und eine Nacht auf dem Hof einer armen Familie. Auf dem Nachhauseweg fragte der Vater seinen Sohn:
„Mein liebes Kind, wie war die Reise?"
„Sehr gut, Vater!"
„Konntest du sehen, wie arm Menschen sein können?", fragte der Vater. „Ja", sagte der Sohn.
„Und was hast du gelernt?"
Der Sohn antwortete: „Ich sah, dass wir einen Hund zu Hause haben – und sie haben vier. Wir haben einen Pool, der bis in die Mitte unseres Gartens reicht – sie haben einen kleinen Fluss, mit keinem Ende. Wir haben importierte Lampen im Garten – sie haben die Sterne. Unsere Terrasse reicht bis zum gegenüberliegenden Hof – sie haben den ganzen Horizont."
Als der kleine Junge endete, war der Vater sprachlos. Und der Sohn fügte hinzu: „Danke Vater, dass du mir gezeigt hast, wie arm wir sind."

Bescheidenheit macht gelassen. Bescheidenheit benötigt Vertrauen. Bescheidenheit und Vertrauen machen jedoch nicht nur gelassen, sondern auch glücklich. Wenn die Menschen erst erkennen können, wie sehr ihre Abhängigkeit vom Reichtum sie begrenzt, und dass auch das Dach der schönsten Villa die Sicht auf die Sterne verbaut, wenn sie erkennen können, dass der schönste Pool keinen Fluss und keine Beziehung die Liebe einer glücklichen Familie ersetzen kann und dass sie alles, was wichtig ist, vom Universum geschenkt bekommen, dann würden auch sie entspannt und gelassen und somit glücklich Sein können.

Der Glaube an Wiedergeburt und Karma – wenn ich auch nicht in jedem Punkt übereinstimme – ermöglicht den Menschen in Indien zum Beispiel eine grundlegend andere Sicht auf die Gegenwart ihres Lebens. Sie müssen nicht alles jetzt haben, sie sind nicht so in Eile, denn sie wissen, dass dieses Leben nur eines von vielen ist. Was sie heute vielleicht entbehren, darauf freuen sie sich in der Zukunft. Zudem wissen sie, dass jeder Mangel, unter dem sie leiden, karmische Lasten abbaut oder die Veredelung ihrer Seele vorantreibt. Denken die Menschen im Westen überhaupt über eine solche Veredelung nach? Ja, jedoch nur – und das ist im Osten nicht anders – wenn es ihnen Vorteile bringt. Aber so lässt sich nicht wirklich entspannen. Gelassenheit geht tiefer, ist weiter und vor allem beständiger. Mit der Gelassenheit ist es wie mit der Liebe, erst wenn sie bedingungslos wird und aus reinem Vertrauen besteht, hat sie Ewigkeitsbestand. Wenn dieser Punkt erreicht wird, stellt sich ganz von alleine eine tiefe Heiterkeit sowie eine ungekannte Leichtigkeit des Seins ein.

Denn jetzt ist alles wie es Ist, und braucht zu nichts mehr dienen und auf nichts mehr abzuzielen. Ich nenne es die Freiheit der Heiterkeit, die Freiheit der Liebe, die Freiheit der Gelassenheit.

Nur wer frei ist, kann gelassen sein
Freiheit misst sich nicht daran, wie viel Geld oder Güter jemand besitzt, sondern wie viel Wert er all jenem beimisst, was ihn natürlicherweise umgibt. Jeder darf sich daher selbst fragen, wie viel Wert er den Dingen in seinem Leben gibt. Je wertvoller Dir die kleinsten Kleinigkeiten und die natürlichsten Natürlichkeiten in Deinem Leben werden, desto gelassener und freier wirst Du Dich fühlen.

Das verlorene Lachen
In gewissen Ländern dieser Erde sind die Straßen erfüllt vom Lachen der Menschen und es lässt staunen, dass ich eine solche Heiterkeit nicht in reichen, sondern in armen Ländern und Städten am meisten beobachtet habe. Dies sollte zu denken geben! Dies bedeutet nicht, dass Armut glücklich, heiter und gelassen macht, aber es bedeutet vielleicht, dass Erwartung unglücklich stimmt. Es ist nicht so, dass es den Menschen ‚objektiv' besser oder schlechter geht in Ost und West, doch kann man alles von verschiedenen Standpunkten aus betrachten und dementsprechend auch erleben. Das Lachen der Menschen verliert sich also in ihren Erwartungen. Erwartung ist es, welche die Menschen enttäuscht werden lässt. Enttäuschte Menschen verlieren ihre Fähigkeit wirklich zu lieben. Denn was bleibt ist eine Art von ‚Eigenliebe' – was ich grundsätzlich ja befürworte –, welche jedoch dem ‚Selbstmitleid' anheim gefallen ist.

Eine solche Egozentrik entfernt sie in der Folge immer weiter von ihren Mitmenschen.

Nicht nur so weit, dass sie sich gegenseitig gar nicht mehr wahrnehmen, sondern so weit, dass sie den Nächsten gar nicht mehr wahrnehmen *wollen*. Dieser Zustand ist es, von dem Jesus als „Totsein" und Buddha als „schlafend" gesprochen hat. Alle haben sie vom Aufwachen, vom Lebendig-Sein gesprochen, die schönsten, berührendsten Gleichnisse oder Geschichten erzählt, um die Menschen zur „Umkehr", zum „Aufwachen" oder zum „Leben" zu erwecken. Aber eben... Tote hören nicht und Schlafende sehen nicht. Was also müsste ich tun, um diesen Menschen zum Erwachen zu verhelfen? Seht ihr, ich weiß es einfach nicht. Denn auch wenn jemand meine Worte vernehmen kann, es garantiert nicht, dass sie auch verstanden werden. Die Leute sagen mir, wie wundervoll meine Worte sind und wie erleuchtend, aber kurz nachdem sie dies gesagt haben, schlafen sie dann doch wieder ein. Sie sind offenbar müde, zu müde – lebensmüde. Ich kann es mir nur so erklären, dass sie ermüdet sind vom Erfüllen-wollen ihrer mannigfaltigen Erwartungen und vom Erfüllen-müssen ihrer alltäglichen Pflichten; von ihrer Jagd nach Erfüllung all ihrer nie endenden Wünsche sowie von ihrer endlosen Suche nach Liebe, Glück und Zufriedenheit. Man kann ihnen Liebe geben und das gesamte Glück der Welt zu Füßen legen und es verrinnt alsogleich wie ein Regentropfen, der in die Wüste fällt – Wüste, Sinnbild für die innere Leere, die seelische Einöde, in der sich die Menschen befinden. Man kann sie nicht bewässern. Ein Glas Wasser bloß reicht nicht aus, es versiegt, noch ehe die ersten Knospen sprießen. Und so versuche ich nicht Wasser in die Wüste zu tragen, sondern einen Weg zu graben, ein neues Flusstal anzulegen, in welchem der Ozean selbst zur Wüste fließen kann.

Ich baue nicht alleine, sonst würde dies ‚ewig' dauern, ich baue in Zusammenarbeit mit allen Meistern des Universums, mit dem feurigen Herzen Gottes in mir, den Händen des unendlich geduldigen Schöpfers und den Worten des Heiligen Geistes. Ich kenne keine Eile und keine Müdigkeit. Die Welt ist noch jung und alles wird sich zum Guten wenden. Dieses Wissen gibt mir die Kraft mit jedem Tag, ja mit jedem Augenblick, meine Arbeit aufs Neue in Angriff zu nehmen. Dies alles und die Gewissheit, dass letztlich Wüste und Ozean eins sind, lässt mich so heiter und gelassen sein, wie ich es bin. Und damit mich niemand von meiner Arbeit abhält, habe ich mir einen Körper erschaffen, dem man nicht ansieht, wer ich bin. Ich bin unscheinbar und gar nicht so, wie man sich mich vielleicht vorstellt und ich werde immer Wert darauf legen, einfach zu bleiben, sodass nur jene mich finden, deren Sehnsucht nach dem Ozean genauso tief und groß ist wie die meinige.

LEBEN OHNE BEWERTUNG

In Einklang Sein

Ohne Bewertung zu leben - so sagten wir ja bereits - bedeutet nicht, dass alles als wertlos, sondern, dass alles als gleichwertig betrachtet wird.

Stell Dir ´mal vor, Du würdest alles, einfach alles, was Dir im Leben begegnet, als wertneutral betrachten... Dadurch, dass nun alles gleichwertig wäre, würde nicht einfach alles eintönig und wertlos, sondern wundervoll und einzigartig Sein, alle Situationen, alle Menschen, alle Erfahrungen... Jedes Gefühl, einerlei ob angenehm oder nicht, würde denselben Stellenwert einnehmen. Plötzlich wäre alles speziell. Emotionen mögen dadurch zwar verschwinden, doch erstmals würde sich Dir eine neue Welt öffnen... Eine Welt, in der Du nun auch in Dinge eintauchen könntest, welche Du bisher abgelehnt hast. Du würdest vollkommen neue Aspekte Deiner selbst entdecken. Du würdest plötzlich entdecken, wie viele wundervolle Geschenke sich in Deiner bisher als negativ eingestuften Seite des Lebens befinden. Oh ja, und Du wirst staunen, dass vieles von dem, was Du finden wirst, alles andere als nur schmerzvoll ist.

Hier beginnt die Integration Deiner ‚Schattenanteile', würde man in der Psychologie sagen. Hier beginnst Du die andere Hälfte des Lebens, die andere Seite Deiner selbst, die zweite Hälfte Gottes oder der Schöpfung zu erforschen! Vielleicht fragst Du Dich, ob das denn wirklich Sinn macht? Na ja, genau genommen ist es natürlich auch schön, in all den Emotionen hin und her geworfen zu werden... Aber schau, wenn

Du einem Menschen begegnest, mit dem Du unschöne Erfahrungen gemacht hast, dann wird sich bei einer erneuten Begegnung alles in Dir zusammenziehen. Du hast aufgrund der zuvor erlebten Emotion mit diesem Menschen ein Vorurteil gebildet und es wird Dich von nun an ein Leben lang begleiten. Du bist nun nicht mehr fähig, die wundervolle Einzigartigkeit dieses Geschöpfes wahrzunehmen. Sie ist Dir für immer verschlossen und wird Dir stets ein Mysterium bleiben. Wie viele wunderbare Erfahrungen bleiben dadurch ungelebt? Wie viele Menschen und Wesen bleiben Dir dadurch fremd? Wie viele Chancen sind Dir dadurch wohl entgangen? Sieh ´mal, auch ein Diamant entwickelt seinen Glanz, seine Einzigartigkeit und seine hohe Wertigkeit im finsteren Innern eines Stücks Kohle. Ja, fast immer sind die wertvollsten Geschenke in Finsternis gehüllt, denn dort sucht sie normalerweise keiner und somit können sie auch nicht missbraucht werden. Wenn jemand ´mal so weit gewachsen ist, dies zu erkennen und er *dann* danach sucht, wird er auch reif genug sein, diese Geschenke und die Weisheit, die er finden wird, nicht zu missbrauchen. Dies ist ein natürliches Auswahlverfahren, damit nur jene Menschen zu diesen machtvollen Dingen des Lebens vordringen, welche auch die nötige geistige Reife besitzen.

Wer weiß denn schon wirklich, was gut und was schlecht ist? Bestimmt kennst Du doch die Geschichte vom Farmer, seinem Sohn und dem Pferd?!...

Eines Tages, als es gewitterte, lief dem Farmer das einzige Pferd, welches er besaß, weg. Es war seine einzige Hilfe beim Bestellen des Ackers und somit seine Lebensgrundlage... einfach davongelaufen...

Dies scheint ziemlich schlecht zu sein, bis zu jenem Tag, als es zurückkehrte und in seiner Gefolgschaft weitere 10 Pferde mit sich brachte... Dies wiederum scheint nun wohl nicht so schlecht zu sein... Des Farmers einziger Sohn begann, die wilden Pferde zuzureiten. Doch bald wurde er von einem derart heftig abgeworfen, dass er sich sämtliche Knochen brach und man um sein Leben bangen musste... Nun, dies wiederum scheint ziemlich schlecht zu sein... Bis zu jenem Tage vermutlich, an dem der Krieg im Lande ausbrach und alle jungen Männer zum Dienst in der Armee eingezogen wurden. Alle, bis auf den einzigen Sohn des Farmers... Nun sieht die Geschichte schon wieder anders aus und es scheint, als wäre auch dieses Unglück im Endeffekt zum größten Glück geworden, denn der Junge erfreute sich bald wieder bester Gesundheit, von den Soldaten jedoch kam keiner mehr nach Hause...

Nun frage ich Dich: Nach welchen Kriterien können wir mit Bestimmtheit feststellen, ob etwas gut oder schlecht ist? Gibt es überhaupt solche Kriterien? Ist es überhaupt möglich? Nein, die gibt es nicht. Das Einzige, was wir tun können, um die Dinge in gut und schlecht einzuteilen, ist, sie in einem möglichst kleinen Zeitraum zu betrachten.

Beginnen wir das Leben wertfrei zu erleben, weitet sich automatisch auch unser Blick auf die Dinge. Bewusstseinserweiterung in Raum und Zeit! Und wahrlich, je mehr Du Raum und Zeit zu überschauen in der Lage bist, desto klarer wird, dass es unmöglich ist, zu bestimmen, was richtig und was falsch ist. Am Ende Deiner Reise wirst Du erkennen, dass letztlich alles ‚gut' ist. ‚Gut' nicht in wertender Hinsicht, sondern insofern, als die gesamte Schöpfung nur ein Interesse hat, nämlich Dich in allem kompromisslos zu unterstützen, was Du erfahren möchtest. Dies bedeutet, dass Du niemals etwas erfahren könntest, was Du Dir nicht selbst erschaffen hast oder etwas, was Du nicht erleben wolltest. Das ganze Universum liegt Dir zu Füßen! Es ist nicht vorgesehen, dass irgendetwas geschehen könnte, was Dir ernsthaft schadet. Dies geschieht nicht aus irgendeiner Wertung irgendeines Gottes, sondern ist die logische Folgerung dessen, dass wir unsere eigene Welt in unserem eigenen Universum des Geistes erschufen. Gott selbst ist dafür zuständig, dass dies alles überhaupt möglich ist. Es macht also gar nicht erst Sinn, nach einem anderen Verantwortlichen zu suchen. Du selbst Bist es. Alles, was die Menschen mit Schicksal, Zufall oder Karma bezeichnen, sind unbewusst vorgenommene, eigene Kreationen. Die darin enthaltenen Gefühle können wir nicht umgehen, weil fühlen *leben* heißt. Wir haben jedoch die Möglichkeit, diese Gefühle körperlich und seelisch oder geistig zu erleben. Ja, diese zwei Möglichkeiten gibt es, eine schmerzhafte und eine erkenntnisreiche. Und nun rate ´mal, wer sich zwischen diesen beiden Möglichkeiten entscheiden kann?

Die geistige Möglichkeit sieht so aus, dass Du Dich freiwillig in all jene Gefühle begibst, die Du eigentlich in Deinem Leben vermeiden möchtest. Nachdem Du jedes einzelne Gefühl so lange fühlst, bis sich jeglicher Widerstand dagegen verabschiedet hat und Du endlich voll und ganz in es eingetaucht bist (solange, bis es von alleine verschwindet), wird es aufgelöst sein. Damit dies jedoch gelingt, muss vorher eine wertfreie Betrachtung aller möglichen Gefühle gegeben sein. Du siehst also, es ist nun Zeit, sich ganz dem Leben anzuvertrauen und es nicht mehr von sich zu weisen... Du tauchst nun ein in den Fluss des Lebens, ohne Dich dagegen oder gegen Teile davon zu wehren. Du beschreitest damit den Weg der Integration. Stell Dir ´mal vor, wie es ist, wenn Du dem Leben, den Menschen – ja: allem was ist – mit derselben Wertschätzung, Offenheit und Entdeckerlust begegnest... Wäre es nicht wundervoll?! Wärst Du dadurch nicht herrlich offen für das Leben?! Spürst Du, welche Freude und Neugierde auf das Leben sich plötzlich in Dir ausbreitet? Spürst Du die Ruhe und Gelassenheit? Was glaubst Du könnte noch alles in Deinem Leben geschehen, würdest Du ihm in einer solchen Geisteshaltung begegnen? Unglaublich! Du solltest Dich eigentlich ernsthaft damit auseinandersetzen, ob Du das überhaupt verkraften könntest, eine solche Fülle des Lebens!?

Damit Dir einigermaßen ersichtlich wird, wie die Welt von einem solchen Standpunkt betrachtet aussieht, habe ich meine Bücher geschrieben. Ich möchte, dass Du Dich langsam an eine neue Betrachtungsweise des Lebens und von Dir selbst gewöhnst. Ich möchte, dass Du Dich wieder als den Schöpfer erkennst, der Du in Wahrheit bist. Ja, Du bist und warst Schöpfer oder Schöpferin und wirst es immer sein, ob Du es weißt oder nicht. Und wenn Du einmal wieder bei Deiner Quelle angekommen bist, so wirst Du Dich fragen – da Du ja ohnehin Schöpfer bist, ob Du willst oder nicht – ob es nicht mehr Sinn machen würde, sich eine Welt zu erschaffen, die man auch zu genießen im Stande ist... Oh ja, das Leben ist ein Genuss! Es gibt nichts Schöneres als zu leben!

Wir alle sind lebendige Wesen einer lebendigen Schöpfung! Wir sind im Stande überall und nirgends zur gleichen Zeit zu sein! Ja, in verschiedenen Universen gleichzeitig, parallel! Es lohnt sich selbst dann, wenn Du weiterhin ein einfaches und bescheidenes Leben leben möchtest. Du lebst dann einfach in einem so tiefen Gefühl der Verbundenheit und des Urvertrauens, dass alles, was Du tust, von einer ungeahnten Tiefe getragen wird.

Leben ohne Bewertungen... Was wäre ein Baum zum Beispiel, ohne Bewertungen? Eine Blume? Ein Krieg oder eine Krankheit? Was wäre, wenn Du auch Dich selbst nicht mehr aus bewertenden Augen betrachten würdest? Wenn Du nicht mehr ständig das ‚Richtige' tun und das ‚Falsche' unterlassen müsstest? Wie entspannt wäre dann Dein Leben? Ja, selbst Gott würde sich verändern. Denn gleichzeitig damit, dass Du Deine Bewertungen aufgibst, würde auch Dein Gott nicht mehr ein bewertender und strafender Gott Sein können, sondern ein liebevoller, vertrauter Freund. Du würdest Dich selbst als so vollkommen erfahren, dass Du anfangs wahrscheinlich an Deinem Verstand zweifeln würdest. Du begännest zu erkennen, welch´ wunderbares Geschöpf Du selbst bist: wie einfühlsam, wie großherzig und stark! Nichts im Leben könnte Dich mehr davon abhalten, Deine Vision, Deine Träume zu verwirklichen. Die ganze Welt stünde Dir offen. Genauso offen, wie Du es bist.

Je mehr sich gewissen Menschen das Leben verschließt und es seine ‚Rosinchen' an andere verteilt, umso verschlossener ist dieser Mensch. Je öfter sich ein Mensch im Opferdasein befindet, desto weiter ist er von seiner Göttlichkeit entfernt. Je öfter sich jemand ungerecht behandelt fühlt oder einsam, desto ferner ist er seinem wertfreien heiligen Geist. Heiliger Geist hat nichts mit Religion oder Kirche zu tun. Aller Geist ist heilig, einerlei in welcher Form sich dieser manifestiert. Er ist die Essenz allen Lebens. Finden wirst Du ihn jedoch erst hinter dem Schleier Deiner Bewertungen, Vorstellungen, Ideen, Glaubenssätze und Überzeugungen. Aber: Du weißt ja jetzt, wie das geht.

Möge Dich nichts und niemand davon abhalten können, diesen Weg zu gehen und Deinem wahren Sein zu begegnen. Vertraue dem Leben, vertraue Dir und vertraue auf Deinen Weg! Er führt bestimmt zum Ziel, Du musst ihn bloß bis zum Ende gehen. Es ist der Grund, weshalb Du da bist, weshalb Du existierst: Du willst Dich selbst kennenlernen. Diese Welt ist es, welche uns die Möglichkeit schenkt, uns selbst zu erkennen, zu erleben und zu begegnen. Selbstrealisation! Das ist ein anderer Begriff für Erleuchtung. Sich selbst zu begegnen, ist wie, wie... ja, wie wenn man Gott begegnet! Du wirst Dich einerseits zwar noch als Teil davon wahrnehmen, aber gleichzeitig wirst Du auch wissen, dass Du eins bist. Eins mit allem, was existiert und nicht existiert. Das gesamte Leben wird dann ‚heilig', wird zu einem Teil von Dir. Du wirst in der Folge dann natürlich damit auch umgehen, als dem Wertvollsten, was es für Dich gibt, ohne auch nur einen Augenblick daran denken zu müssen, dass alles gut ist, wie es ist, denn es ist einfach so. Diesen Zustand nenne ich ‚Erwachen': Alles ist, wie es ist. Ohne Wertung, weder gut noch schlecht, es ist einfach das, was es ist. Entdecke es am besten selbst!

EINSAMKEIT ODER ALLEINSEIN ODER ‚ALL-EINS-SEIN'

„Einsamkeit kommt nicht einfach so, man muss sie sich echt auch noch ‚hart erarbeiten'. Allein-Sein ist viel leichter zu erreichen und hat nicht den Beigeschmack von Einsamkeit."

Nun, auch meine Äußerungen zu diesem Thema werden nicht für alle leicht verdaulich sein und wohl nicht von allen verstanden werden; vor allem von Selbst-Betroffenen nicht. Wer selbst unter einem Thema leidet, der /die ist meist nicht in der Lage, es zu durchschauen oder es zumindest neutral betrachten zu können. Es braucht also, gerade von Betroffenen, eine größtmögliche Offenheit um aus meinen Worten schöpfen zu können.

Es gibt heutzutage sehr viele Menschen, die unter Einsamkeit leiden, das stimmt. Einsamkeit ist überall möglich, sei es nun in den eigenen vier Wänden oder auch selbst dann, wenn man sich in ‚toller Gesellschaft' befindet. Überall – hier, dort und auch woanders – ist Einsamkeit möglich. Sie existiert ja nicht in der Welt, sondern: im Bewusstsein. Deshalb kann man sie auch überallhin mitnehmen. Ja, sie folgt so dem Betroffenen stets auf Schritt und Tritt. Was immer er auch tut, seine treuste Begleitung heißt: Einsamkeit.

Ursache und Lösung der Einsamkeit?

Tja, jetzt wird es also unangenehm... Der Grund nämlich, dass jemand einsam ist, liegt darin, dass er nichts zu geben hat von dem, was andere brauchen.

Er ist verschlossen. Er hätte genau genommen sicher sehr viel zu geben, aber er ist nicht offen und nicht großzügig genug um andere zu sich herzuziehen... Solche Menschen sind nicht mehr wie die Blumen, welche sich öffnen und entfalten, ihren Duft verströmen und ihre ganze Schönheit in die Welt hinausstrahlen und so allerlei Tiere und Menschen damit anziehen, die sie bewundern und sich von ihnen nähren. Und der Trick daran ist: Diese tun es ja selbst dann, wenn keiner da ist! Eine Verbindung zur Außenwelt kann immer nur von uns selbst abgeschnitten werden. Ja, Du kannst selbst zu Menschen, denen Du persönlich nichts bedeutest, die keine Verbindung zu Dir möchten, die Verbindung und Offenheit Deinerseits bestehen lassen. Wer sich nicht trennt, fühlt sich nie einsam! Interessanterweise beklagen sich die Einsamen oft darüber, dass die anderen sich ihnen gegenüber verschließen, das aber ist ein großer Irrtum! Wenn jemand von sich selbst nicht glaubt, dass er liebenswert ist, dann wird er es auch nicht spüren können, wenn andere ihm diese Liebe entgegenbringen. Die Ursache ist also nicht, dass die anderen sich von mir trennen, sondern dass ich mich selbst innerlich bereits von den anderen abgetrennt habe. Eigentlich sind es nur wenige Gefühle, die bewirken, dass sich Menschen vom Rest der Welt abtrennen. Ich will sie folgendermaßen benennen:

- Man versteht mich nicht
- Ich bin besser (Ich habe Recht)
- Man mag mich nicht (Ich bin nicht gut genug)
- Das Leben ist ungerecht
- Geheimnisse haben
- Ich habe Grenzen

Hierbei gilt es festzuhalten, dass ‚Geheimnisse-haben' den weitaus größten Einfluss, auf das ‚Sich-einsam-oder-abgetrennt-Fühlen', ausübt.

Wenn Menschen die göttlichen, lichtvollen Gefilde verlassen haben, dann haben sie nichts mehr zu geben, dann sind sie arm, dann fragen sie sich ständig: „Wer gibt mir was?" Anstelle von: „Was kann ich den anderen geben?" Einsamkeit ist also auch eine ausgeprägte Form von Egoismus kombiniert mit einem ‚Nicht-verbunden-sein' mit den himmlischen Schätzen in Dir. Bevor man in die Welt hinausgeht, sollte man sich im Alleinsein üben. Sobald man die geistigen Schätze in sich gefunden hat, dieses ‚All-Eine', dann erst ist es Zeit, hinauszugehen... dann, wenn Du dieses All-Eins-Sein in Dir verspürst, dann ist es der optimale Zeitpunkt für Dich, weil Du dann auch ganz viel zu geben hast. Ohne dass Du im Herzen etwas zu geben hast, solltest Du nicht Dein Haus verlassen! Weshalb nicht?! Weil Du, wenn Du mit einem leeren Gefäß (Herzen) einem anderen begegnest, Du ihm doch nur seine Kraft raubst. Es ist eine alte magische Geschichte aus nicht sehr lichtvollen Praktiken, dass man einem Menschen sogar den Tod bringen kann, wenn man ihm / ihr in einer solchen inneren Haltung - mit einem leeren Gefäß, zum Beispiel einem leeren Krug - begegnet, absichtlich begegnet.

Einsamkeit hat also nichts damit zu tun, ob andere Menschen um uns herum sind, oder Menschen, die uns lieben gegenwärtig sind, sondern lediglich damit, ob wir die Menschen lieben!

Wer offen ist kennt also keine Einsamkeit. Wer nicht unentwegt mit sich selbst beschäftigt ist, kennt keine Einsamkeit und wer sich mit allen und allem verbunden fühlt ist nie einsam. Und so ist es also möglich – sogar ganz alleine in einer Einzelzelle – sich verbunden und geliebt zu fühlen. Gefühle sind nie abhängig von der Außenwelt, Du fühlst Dich immer so, wie Du Dich fühlen möchtest. Das, was die Außenwelt bestimmen kann, sind Deine Emotionen. Einsam-Sein, Allein-Sein oder Eins-Sein liegen also ganz alleine in Deiner Hand. Dies mag eine schmerzliche Mitteilung beziehungsweise Einsicht sein – vor allem für Betroffene. Aber gleichermaßen hilfreich wie herausfordernd könnte es sein, wieder: g´rade für die Betroffenen – wenn sie sich über meine Worte tiefere Gedanken machen würden. Denn sie beinhalten nicht nur den schmerzlichen Selbsterkenntniseffekt, sondern auch die Lösung. Unlösbar sind stets bloß jene Dinge deren Ursprung wir nicht in oder bei uns erkennen und anerkennen (wollen). Jene Dinge, Situationen oder Gefühle deren Verantwortlichkeit wir nach außen projizieren und von denen wir glauben, dass sie nicht (nur) von uns abhängen. Es ist wieder einmal mehr dieses Opferbewusstsein, welches verhindert, aus einem solchen Kreislauf auszusteigen. Ja, es ist ein Kreislauf – eigentlich eine Spirale –, welche uns immer tiefer in unsere Probleme hineinführt, alles immer schwieriger, ‚schlimmer' werden lässt. Denn sobald man glaubt, dass andere für die eigenen Gefühle oder Situationen verantwortlich sind, beginnt man sich auch mehr und mehr abzugrenzen und sich abzuschotten, sich von den anderen oder von der Welt zu trennen. Immer tiefer verliert man sich in einer persönlich erschaffenen Welt von Einsamkeit, Trauer und Frustration. Dass diese ‚Welt' eine selbst erschaffene Illusion ist, kann man selbst nicht mehr erkennen. Solche Menschen sind dann mittlerweile schon so stark damit identifiziert, dass sie ihre Realität für ‚absolut wahr' erachten. Um aus diesem Labyrinth, aus diesem Strudel wieder herauszufinden, benötigt es meist fachlich kompetente Hilfe. Nur ist diese leider schwer zu finden... Raten doch fast alle, dass man einfach wieder ‚unter-die-Leute-gehen' müsse etc. Doch der wirksamste Ansatz ist, den inneren Bewusstseinszustand zu verändern und danach erst folgt Schritt zwei: ‚unter-die-Leute-gehen'. Solange in mir drinnen Einsamkeit ‚herrscht', herrscht sie auch in meinem äußeren Leben. Tja, die Welt ist ein Spiegel von mir! Die Welt lässt sich im Außen nur schwer verändern – wenn überhaupt... Es sei denn, wir beginnen damit in unserem Bewusstsein, in unserer eigenen Gefühlswelt. Den Spiegel zu verändern hat nicht wirklich eine dauerhafte Veränderung dessen zur Folge, der sich darin spiegelt. Soviel ist doch klar...?!

Was die Menschen immer daran (be)hindert ihre Schöpferrolle voll und ganz einzunehmen, ist der Aberglaube, dass es Dinge gibt, die nicht von einem selbst abhängen, die nicht von einem selbst gesät werden!

Wäre dies tatsächlich der Fall, dann könnten wir das Leben wirklich nur noch mit Begriffen und Ideen wie Schicksal, Karma, Zufall, Glück oder Unglück erklären. Doch solche Begriffe stammen von Menschen, die noch nicht ihr wahres Schöpfer-Sein erkannt haben. Ich sage nicht, dass es so etwas wie ‚Karma' nicht gibt. Es bedeutet ja bloß, dass alles, was wir tun, seine Auswirkungen hat. Aber dennoch, im Sinne dessen, wie es üblicherweise verstanden wird, sozusagen als Vergeltung oder Strafe für vergangene ‚Fehler' – der man nun gnadenlos ausgeliefert ist – in diesem Sinne existiert es nicht. Die Menschen versuchen immer alles aufgrund ihrer Vergangenheit zu erklären. Selbst die meisten spirituellen Philosophien gründen in der Annahme, dass die Vergangenheit uns beeinflusst. Tja, irgendwie ein Widerspruch, wenn man bedenkt, dass die Realitäten von Begriffen wie Raum aber auch Zeit längst – auch wissenschaftlich betrachtet – fragwürdig erscheinen! Spirituell gesehen: Wenn weder Raum noch Zeit ‚wirklich' existieren, dann macht es bestimmt auch Sinn, andere althergebrachte Weisheiten genauestens zu durchleuchten. Ich persönlich überdenke alles neu, was in irgendeiner Form Begrenzungen beinhaltet, ungeachtet dessen, wie groß, berühmt oder weise der Überbringer solcher Ideen war, ist oder sein wird. Ich behaupte nicht, dass es generell ‚falsch' ist, was uns da an begrenzenden Ideen dargebracht wird – und in der Tat sind solche spirituellen Lehren für die meisten Menschen, gemessen an ihrem Bewusstseinszustand genau richtig – doch schwingt man sich im Bewusstsein ein wenig höher, dann begegnet man eine Schöpfung, welche frei von jeglicher Begrenzung existiert und in deren Gefilden die sich dort befindenden Geschöpfe weder an Raum noch an Zeit noch an sonstige andere Richtlinien gebunden sind. Sie sind vollkommen frei! Um jedoch in jene Ebenen höchsten Bewusstseins eintauchen zu können, bedarf es eines größtmöglichen Maßes an Selbstverantwortung und Authentizität. Dort haben selbstbegrenzende Ideen keinen Platz und bereits eine einzige reicht aus, um Dich eine Stufe weiter in die Materie zu transformieren. Mit jeder Begrenzung geht´s die Spirale weiter und weiter in die Materie hinein, größer und größer wird die Unselbständigkeit und die Freiheit schwindet mehr und mehr. Folglich lässt sich solch´ ein Prozess etwa so zusammenfassen:

Je mehr sich ein Mensch in seinem Bewusstsein begrenzt oder sich Begrenzungen anderer zu eigen macht, desto größer ist der Verlust an Lebensqualität.

Einsamkeit wäre also ein höchst ernstzunehmender Zustand, da sie bedeutet, dass die Betroffenen sich schon in einem Maße begrenzt haben, dass eine Verbindung mit der Welt der anderen kaum mehr vorhanden beziehungsweise möglich ist. Ja, es wäre für jeden kompetenten Therapeuten, Psychologen oder spirituellen Lehrer ein Alarmzeichen dringlichsten Ausmaßes, wenn er dies bei einem Patienten oder Schüler feststellt! Warum? Weil Einsamkeit durch die Quantität bestehender Begrenzungen - sollten sie sich noch weiter vermehren oder intensivieren - in ihrer nächst tieferen Frequenz körperliche Krankheiten nach sich zieht. Krebs ist wohl die bekannteste Ausdrucksform des körperlichen Widerstandes gegen Begrenzungen. Ja, die Seele möchte ausbrechen und: Eine Krankheit bricht aus... Die Seele möchte wachsen: Eine Krankheit wächst... Die Seele möchte sich nicht mehr anpassen und unterordnen, sie lehnt sich nun gegen alle möglichen festgelegten Strukturen auf: Eine Krankheit bäumt sich auf; der Seele Ziel ist es, frei zu werden und letztlich ist es ihr sogar lieber zu sterben (den Körper abzulegen), als sich wieder in die alten Begrenzungen hineinzubegeben. Und solange medizinische wie auch andere therapeutische oder spirituelle Ansätze dahinzielen, die Seele wieder in diese Strukturen einzufügen, werden sie langfristig erfolglos sein. Es geht nicht darum, den alten Zustand wieder herzustellen; selbst dann nicht, wenn er als vermeintlich gesund angesehen wird. Es geht darum, etwas Neues zu schaffen, einen neuen Zustand: schöpferisch zu sein! Zurückzugehen in den alten Zustand wird letzten Endes auch wieder dasselbe Resultat erzeugen! Erzeugen heißt erschaffen – vorwärts gehen... Erkranken heißt zu glauben, nicht zu erschaffen zu können; und dies kommt einem Zurückgehen gleich. Sterben kann man auf beiden Wegen, aber rate ´mal, auf welchem dies wohl ein lebendigerer Prozess sein wird? Man kann sterben um frei zu werden vom Körper und den damit verbundenen körperlichen Begrenzungen und Schmerzen (zurückgehen) oder aber um vollkommene geistige Freiheit zu manifestieren (vorwärtsgehen). Die eine Variante erfordert weitere Inkarnation, also wieder zurückgehen, zurückkehren – die andere nicht. Die andere lässt Dir die Entscheidungsfreiheit, ob Du erneut kommen möchtest um neue Erfahrungen zu sammeln oder nicht. Beim Zurückgehen hast Du wohl keine so große Wahl und wirst Dich, mit ziemlicher Sicherheit, auch im nächsten Leben mit demselben Thema herumschlagen müssen.

Interessanter Weise haben wissenschaftliche Untersuchungen verblüffend ähnliche Resultate ergeben:

Die Einsamkeitsgefühle dauern Monate oder gar Jahre. Wir versteinern. Alle unsere Fähigkeiten, Kontakt aufzunehmen und aufrechtzuerhalten, für andere attraktiv zu sein, Anerkennung anzunehmen und zu geben, sind verschwunden. Andere wissen nichts mehr mit uns anzufangen. Wir fühlen uns abgelehnt und unattraktiv und verlieren immer mehr das Vertrauen in unsere Fähigkeiten. Wir ziehen uns zurück oder werden anderen gegenüber immer ‚giftiger' und gereizter. Welche inneren Einstellungen machen uns für Einsamkeit empfänglich?

Die Untersuchungen haben außerdem ergeben, dass ganz bestimmte negative Einstellungen uns für Einsamkeitsgefühle empfänglich machen. Menschen, die sich einsam fühlen, glauben nicht liebenswert zu sein. Sie glauben, unbedingt einen Partner zu brauchen, um glücklich zu sein. Außerdem leiden sie unter einer starken Angst vor Ablehnung. Sie warten auf die Initiative anderer, ihnen mit Lob und Zuspruch entgegenzukommen, weil sie das Risiko fürchten. Manchmal wirken sie nach außen arrogant und kein Mensch scheint ihnen gut genug zu sein. Umgekehrt zeichnen sich Menschen, die mit sich allein zufrieden sein können, aber auch im Kontakt zu anderen Menschen stehen, durch folgende Einstellungen aus: Sie können sich selbst annehmen und glauben, anderen Menschen etwas geben zu können. Sie können auch damit umgehen, dass andere sie ablehnen und ihre Schwächen erkennen. Und sie können andere Menschen mit ihren Schwächen akzeptieren.

Einsamkeit als sozialpsychologische Kategorie

In der Sozialpsychologie wird Einsamkeit entweder als Synonym für soziale Isolation verwendet, oder als die Bezeichnung der subjektiven Auffassung, an einem Mangel an sozialen Kontakten zu leiden (unabhängig davon, ob ein solcher Mangel objektiv nachvollziehbar ist oder nicht). Puls, der in seiner*

Arbeit den Verursachungsprozess von sozialer Isolation nachzeichnet, versteht unter Einsamkeit das subjektive Innewerden sozialer Isolation. Für ihn stellen Einsamkeitsgefühle die Vorstufe zu Depression und negativen Bewältigungsstrategien wie Alkoholismus dar; zudem wirken sie in einer Rückkopplungsbeziehung verstärkend auf solche Faktoren ein, die die soziale Isolation (als Vorstufe zur Einsamkeit) weiter verfestigen. Puls zufolge ist ein sogenanntes "interaktives Dilemma der Einsamkeit" zu beobachten: Ob gewollt oder nicht, bilden sich unter dem Einfluss der Einsamkeit soziale Einstellungen, Verhaltensweisen und Gefühle heraus, die vom gesellschaftlichen Standard abweichen. Beim Versuch, eine Beziehung zu einem anderen Menschen aufzubauen, erweist sich dies als in doppelter Hinsicht fatal: Zum einen neigen einsame Personen formal zu einem selbstbezogenen Kommunikationsstil und gehen in unzureichendem Maße auf die kommunikativen Bedürfnisse ihres Gegenübers ein. Zum anderen vertreten sie inhaltlich häufig Einstellungen zum gesellschaftlichen Miteinander, die vom Standpunkt der Normalität aus betrachtet als destruktiv oder zynisch erscheinen können. Dies wiederum verhindert, dass es im Verlauf der Kommunikation zum Aufbau von Sympathie und Attraktion kommt, da die hierfür erforderliche Ähnlichkeit in zentralen Einstellungen der Kommunikationspartner nicht gegeben ist.

**PULS, Wichard: „Soziale Isolation und Einsamkeit: Ansätze zu einer empirisch-nomologischen Theorie", (Diss.), Wiesbaden/ 1989; Deutscher Universitäts-Verlag*

So – nachdem also nun selbst die Wissenschaft mit mir einig scheint, hoffe ich, dass auch Du Dir diese Aspekte genauer anschaust. Ich bin sicher, wenn Du mein Statement hier aufmerksam gelesen hast, kannst auch Du – ‚im Falle-des-Falles' – aus diesem Kreislauf aussteigen. Sofern Du natürlich auch in der Lage bist all das, was Du hier an persönlicher Kritik empfindest und all das wovon Du vielleicht sagst: „Dies trifft auf mich ganz bestimmt nicht zu", doch anzunehmen. Ich wünsche es Dir von ganzem Herzen und sollte diese Thematik Dich nicht persönlich betreffen, aber Du jemanden kennen, der sich einsam fühlt, dann lass ihm / ihr doch diesen Artikel zukommen – das könnte vielleicht sogar lebensrettend sein!

ORIENTIERUNG

Die Sucht nach Referenzpunkten

„Alles entscheidet sich letztlich dadurch, woran beziehungsweise wonach der Mensch sich orientiert."

Es gibt viele gute Ansätze, sowohl in der Psychologie, wie auch in der Esoterik, um den Menschen zu helfen. Doch manchmal kommt es beiderorts nicht so richtig 'rüber, worum es wirklich geht. Dem möchte ich hier ein wenig abhelfen und hoffe, Dir damit etwas mehr Klarheit und Verständnis dessen vermitteln zu können, was letzten Endes unsere ganze Lebensweise, unsere Beziehungen, unsere Gesellschaft und auch unser spirituelles Werden bestimmt. Stell Dir ´mal vor, Du wärst gerade dort, wo Du jetzt bist und hättest keinen Orientierungspunkt. Du befindest Dich irgendwo auf diesem Planeten und bist völlig fremd; weißt nicht, wo Norden, Osten, Westen oder Süden ist............ kein bekanntes Gebäude... keine Arbeit... keine Familie... keine Freunde... keine Feinde... keine Ideale... keine Gesetze... keine Moral... kein Glaube... keine Wegweiser... keine Schilder... keine Landkarte... kein Kompass... kein Ziel... kein Sternenhimmel... kein Gott. Du kannst Dich absolut nicht orientieren.

Wie fühlt es sich an? Was kannst Du auf folgende Fragen antworten:

- Wo bin ich?
- Woher komme ich?
- Wohin gehe ich?

- Was tue ich?
- Wer bin ich?
- Was ist der Sinn des Lebens?

Siehst Du, jetzt bist Du völlig verloren. Plötzlich weißt Du gar nichts mehr. Nun bleibt Dir nichts anderes mehr übrig, als Dich hinzugeben oder wahnsinnig zu werden. Die meisten Menschen jedoch trauen sich nicht, die Hingabe zu leben. Es ist ihnen zu unsicher, man weiß ja nicht, wohin das führen wird. Also lässt man es sein. Und nun, da sie nur noch eine Möglichkeit haben, nämlich wahnsinnig zu werden – aber das wollen sie ja auch nicht – fangen sie an, sich Referenz- und Orientierungspunkte zu schaffen. Sich nicht orientieren zu können, bedeutet Unsicherheit, Verzweiflung, Wahnsinn... Um dieser Verzweiflung auszuweichen und ihr möglichst nie zu begegnen, haben sie sich dermaßen mit Referenzpunkten zugepflastert, dass es schon wieder so viel wird, wonach sie sich nun orientieren müssen, dass sie ebenfalls fast wahnsinnig darob werden. Es scheint ein echter Teufelskreis zu sein. Sie leben dann wie in einem Drogenrausch und sterben an einer Überdosis Referenzpunkten. Plötzlich stellen sich wieder dieselben Fragen (nur in umgekehrter Reihenfolge): Was ist der Sinn des Lebens? Wer bin ich? Was soll ich tun? Wohin soll ich gehen? Woher komme ich eigentlich? Wo bin ich?

Je detaillierter der Maßstab ist, nach welchem ich mein Leben orientiere und gestalte, desto enger wird mein Bewusstsein, desto kleiner meine Freiheit und desto unmöglicher wird es, glücklich zu Sein.

Desorientiert vor lauter Orientierung

Suchtlevel 1 und wo dieser endet...

Die Menschen überfüllen sich - aus lauter Angst wahnsinnig zu werden - mit den verschiedensten Referenzpunkten. Um die Referenz dafür zu bekommen, wo sie sind, brauchen sie Landkarten, Straßenschilder, IKEA, ein Rathaus, Bahnhöfe oder Flughäfen. Oder zumindest einen Horizont, die Sonne, den Mond und die Sterne. Auf dieser Ebene besteht noch keine Gefahr der Überdosierung. Man erkennt die Süchtigen dieser Ebene daran, dass sie sich nicht trauen ihr Land zu verlassen oder ihre Stadt, ihr Viertel, ihr Haus, ihre Wohnung oder gar - bei absoluter Abhängigkeit - ihr Zimmer. Ganz am Ende sperren sie sich so lange in ihren Körper ein, bis sie es selbst nicht mehr aushalten und sich umbringen. Sie lebten als Opfer.

Suchtlevel 2 und wo dieser endet...

Um die Referenz dafür zu bekommen, zu erkennen, woher er kommt, benötigt der Mensch auf dieser Stufe entweder die Wissenschaft der Evolution oder aber einen Gott, der alles regelt. Erstere behaupten dann, dass sie nur glauben, was sie sehen oder was sich beweisen lässt, die anderen bemessen alles an einer sich selbst gemachten Vorstellung eines Gottes, welcher oft noch mehr Regeln und Gesetze aufstellt als die irdische Justiz. Entweder wollen sie erfolg- und ruhmreich sein oder aber ein moralisches Leben leben. Für die Materialisten kommen die Menschen aus der Erde, rein biologisch, und für die anderen entstammen sie dem Paradies oder dem Himmel, wohin sie auch zurück wollen. Die einen enden auf diesem Suchtlevel also im Sarg und die anderen im

Paradies, auf jeden Fall tot. Und sie lebten als Opfer und Täter.

Suchtlevel 3 und wo dieser endet...
Um die Referenz dafür zu bekommen, zu erkennen, wohin er geht, braucht dieser Mensch Ziele. Diese Ziele können materialistischer, spiritueller oder auch rein ideeller Natur sein. Auch auf dieser Ebene wird das Leben ziemlich anstrengend sein, aber hier besteht schon die Möglichkeit, sich aufgrund des vermeintlichen Erfolges in Bezug auf das Erreichen gewisser Ziele glücklich zu fühlen. Na ja, sie sind nicht wirklich glücklich, aber sie fühlen sich manchmal so, sie sind nicht wirklich selbstbestimmt, aber sie fühlen sich manchmal so, sie sind nicht wirklich erfolgreich, aber sie fühlen sich manchmal so und sie sind nicht wirklich unabhängig, aber sie fühlen sich zumindest manchmal so. Sie sind tot, sobald sie ihre Ziele erreicht haben. Sie lebten in der Selbsttäuschung.

Suchtlevel 4 und wo dieser endet...
Um die Referenz dafür zu bekommen, zu erkennen, was er tut, benötigt dieser Mensch die Welt als Spiegel. Hier beginnt das Erwachen aus dem tiefen Schlummerzustand der ersten drei Ebenen des Daseins. Langsam dringt das Licht der Bewusstwerdung in sein Bewusstsein und er beginnt aufgrund der Referenzpunkte 1-3 zu eruieren, wo er steht. Dadurch erhofft er sich Aufschluss darüber, was er tun soll. Hier befindet sich die nicht ganz so einfache Übergangsebene, wo der Mensch versucht ein guter Mensch zu sein. Er wird an diesem Punkt mit sich selbst und möglicherweise auch mit den anderen ziemlich hart ins Gericht gehen. Er möchte den

absoluten Maßstab für die richtige Lebensweise festlegen und er will keine Fehler mehr machen. Selbstverantwortung taucht auf und erstmals finden echte Bemühungen statt sich selbst zu verändern. Menschen auf diesem Level verletzen zwar die anderen immer noch, aber sie meinen es zumindest gut. Sie sterben an Besserwisserei, sofern sie nicht den Schritt auf den nächsten Level tun. Sie lebten als eine Identität.

Suchtlevel 5 und wo dieser endet...
Um die Referenz dafür zu bekommen, zu erkennen, wer sie sind, finden diese Menschen ihren Meister. Hier endet der Weg nach außen und führt von nun an nach innen.

Es wird nun ganz neues Territorium betreten und dafür braucht es ganz andere Referenzpunkte und Orientierungswerkzeuge. Sie beginnen auf ihre Gefühle zu vertrauen, fürchten nicht mehr Fehler zu machen und leben ein spannendes Leben, so wie ein Schmetterling, der sich eben aus seiner Verpuppung befreit hat. Sie wollen leben! Sie sterben glücklich und fliegen auch nach dem Tod weiter. Sie lebten als Persönlichkeit.

Suchtlevel 6 und wo dieser endet...
Um die Referenz dafür zu bekommen, zu erkennen, was der ‚Sinn des Lebens ist', benötigen sie Hingabe. Hier kann man eigentlich nicht mehr von einem Suchtlevel reden. Auf dieser Ebene findet nämlich die Befreiung von allen Suchtleveln statt. An diesem Punkt gibt man sich dem Leben, so wie es ist, einfach hin und genießt. Man weiß, dass man nichts weiß und hat aufgehört zu beurteilen. Alle Maßstäbe haben sich

verloren und diese Menschen zeichnen sich durch bedingungslose Liebe, Wertschätzung, Mitgefühl, Toleranz, Friedfertigkeit, Großzügigkeit und Demut aus. Sie haben aufgehört zu bewerten und zu urteilen und sie nehmen alles so, wie es ist. Sie leben *in dieser Welt*, aber sie sind nicht mehr *von dieser Welt*. Sie tragen die volle Verantwortung für alles, was ist. Sie sind erwacht und wissen, dass sie Gott sind. Der Sinn ihres Lebens ist es: zu Sein. Sie leben im Augenblick und sterben daher nie. Sie sind es, welche die Welt, sofern diese sie erkennt, als Erleuchtete bezeichnet.

Die Dosis macht das Heilmittel

Je tiefer der Bewusstseinslevel, desto höher die ‚benötigte' Referenzpunktedosierung.

In erster Linie gilt es, einerlei auf welcher Ebene Du Dich gerade befindest, die richtige Dosis zu finden. Am Anfang der Entwicklung wird die Dosis höher sein, ja oft sogar überdosiert. Dies führt natürlich zu gewissen Erfahrungen und man möchte sich davon wieder befreien. Es entsteht der Drang nach Freiheit und Selbstbestimmung. Wenn man sich dann auf den Weg der Befreiung begibt, treten natürlich Entzugserscheinungen auf, das ist in Ordnung. Interessanterweise ist dieser Entzug für unsere Freunde, Partner, Familie und andere uns eng umgebende Menschen oft schlimmer als für uns selbst. Du wirst bemerken, dass sie Dich plötzlich davon abbringen möchten, Dich zu verändern. Du wirst Dich fragen, ob sie Dich wirklich jemals geliebt haben, oder ob sie Dich nur deshalb mochten, weil Du ihre Wünsche und

Bedürfnisse erfüllt hast. Und Deine Erkenntnis wird möglicherweise schockierend sein, wenn Du erkennst, dass es tatsächlich bei den allermeisten so gewesen ist. Dementsprechend wird sich Dein Umfeld mit absoluter Sicherheit verändern. Und das ist gut so. Es findet Veränderung auf jeder Ebene statt, auch Dein Körper wird gesunden, Deine Seele und Dein Umfeld werden sich reinigen und befreien. Da musst Du einfach hindurch. Es ist die Zeit, wo der Schmetterling seinen Kokon aufbricht und sich ins wahre Leben hinein entfaltet. Ohne diesen Schritt zu tun, wirst Du niemals fliegen können. Ohne diese vermeintlichen Verluste wirst Du niemals frei Sein können.

Und auch wenn die anderen Dir auf Deinem Flug nicht folgen können, so wirst Du nicht lange alleine sein und bald schon auf Deine neuen Gefährten treffen. Sie warten auf Dich! Lass Dich nicht beeindrucken. Deine früheren Gefährten werden bisweilen hartes Geschütz auffahren, sie werden Dir drohen, Dich bestrafen, Dir ihre Liebe entziehen, Dich belächeln, Dich umgarnen und was auch immer, um Dich von Deinem Vorhaben abzubringen. Sie meinen es tun zu müssen, denn jetzt ist da jemand, der ihnen aufzeigt, dass sie gegen ihr eigenes inneres Sein gelebt haben und noch leben. Damit wollen sie sich nicht konfrontieren, denn das hätte ja zu viele Konsequenzen für ihr Leben. Deshalb projizieren sie naheliegenderweise alles auf Dich. Ihre ganze Unzufriedenheit, ihre Unselbständigkeit, ihr Gebundensein, ihre Ängste usw. Sie wünschen sich nichts sehnlicher, als dass alles so bliebe, wie es war.

Ich kann das gut verstehen, aber wenn man den Schritt erst einmal gemacht hat, dann weiß man, wie wesentlich er war und wie sehr er sich gelohnt hat. Und man weiß dann auch, dass es für alle anderen Menschen und deren Selbstverwirklichung die bestmögliche Unterstützung gewesen ist. Einmal wenigstens hat man einen echten Dienst am Nächsten geleistet. Freue Dich! Ja, freue Dich selbst dann, wenn sie Dich dafür ans Kreuz nageln würden. Du hast das Richtige für Dich getan, Du bist Deinem Herzen gefolgt und beginnst wieder richtig zu leben. Keine zehn Pferde könnten Dich jemals wieder in die alte Bequemlichkeit eines Lebens zurückbringen, in dem es letztlich nur darum ging, seine Ängste zu vermeiden, allen zu gefallen, um sich damit ‚Liebe' zu erkaufen oder eben einfach möglichst bequem und problemlos überleben zu können. Tja, die Menschen lieben Dich so sehr, dass Du davon gar nichts mehr bemerkst, wenn Du anfängst, Dich von Deiner Sucht nach Orientierungsmöglichkeiten zu befreien und wieder beginnst, Deinem inneren Maßstab zu folgen.

Zum Abschluss meiner Erläuterung wäre es sicher angebracht, sich zu fragen:

- Weshalb tue ich mir das alles an?
- Für wen oder was habe ich mich ein Leben lang selbst verleugnet?
- Lohnt sich das?
- Wär´s nicht an der Zeit, das zu verändern?
- Wovor fürchte ich mich denn?
- Wann will ich es tun?

FREE SPIRIT nennt sich nicht nur das von mir entwickelte neue Bewusstseinstraining, FREE SPIRIT ist eine Lebensphilosophie für Menschen, denen es wirklich ernst mit ihrem eigenen Erwachen und dem Dienst am Nächsten ist. Es kann Dir helfen, all jene von mir beschriebenen Schritte zu tun. Es ist bloß ein Angebot, doch versichere ich Dir, da gibt es schon einige Schmetterlinge, die auf Dich warten. Und weißt Du was? Weil wir nicht sterben, können wir lange, sehr lange auf Dich warten. Wann immer Du entscheidest den nächsten Schritt zu gehen, ist es der richtige Zeitpunkt und wir werden da sein.

Klar, einige mögen mich jetzt belächeln oder irgendetwas auf mich projizieren, das ist o.k. Nun wissen wir ja, weshalb sie das tun und wir wissen, dass sie es nicht bewusst tun, sondern im Rausch der Sucht nach Orientierungsdrogen. Wir kennen das alle. Wir waren ja derselben Sucht anheim gefallen und wir wissen, dass es viel Mut, Ausdauer und Willenskraft bedarf, um sich von ihr zu lösen.

FREE SPIRIT ist wie ein Kraftelixier, wie ein Gegenmittel. Es verringert die Entzugserscheinungen auf ein Minimum und auch die unangenehmen Folgen im Bereich unserer Familie, Partner und Freunde können so auf ein erträgliches Maß beschränkt werden.

Also, noch einmal, wann immer Du Dich selbst von den Fesseln der Vergangenheit frei machen möchtest... fühle Dich frei mich/uns zu kontaktieren.

AGGRESSION UND LIEBE

SIND EINS

- **Ein Kampf gegen die Aggression ist niemals zu gewinnen.**

Jesus sagte sinngemäß: ‚Wenn man Dich auf die rechte Wange schlägt, so halte auch die linke hin.' *(Matt. 5/38ff)*. Für viele Menschen der heutigen Zeit sind solche Worte unverständlich. Sie glauben, dies bedeute, dass man sich nicht zur Wehr setzen oder sich nicht verteidigen dürfe. Dies ist jedoch eine einseitige und kurzsichtige Fehlinterpretation. Er weist damit lediglich auf den Umstand hin, dass es eine andere Möglichkeit gibt um mit Wut, Aggression und Gewalt umzugehen. Und wenn gesagt wurde: „Auge um Auge, Zahn um Zahn..." *(3. Moses 19/18)*, dann bedeutet das für uns, dass man nicht Gewalt mit Gewalt beantworten soll. Es handelt sich hierbei um ein geistiges Gesetz. Geistiges muss mit dem Herzen verstanden werden, nicht mit dem Verstand. Die Weisheit des in geistiger Sprache Gesprochenen kann vom Verstand alleine nicht erfasst werden.

Wenn wir das erste Gleichnis in richtiger Weise anwenden, dann erledigt das Universum den Rest und erfüllt die Gesetzmäßigkeit von ‚Auge-um-Auge, Zahn-um-Zahn.' Es verdeutlicht das Gesetz von Saat und Ernte. Dies geschieht von alleine und braucht kein derartiges - menschliches - Zutun. Aggression kann durchaus mit Liebe beantwortet werden. Denn auch mit liebevollem Herzen können Entscheidungen getroffen und Maßnahmen ergriffen werden. Diese würden dann, verständlicher Weise, etwas anders aussehen als bisher. Um dieser, in unserer Welt und Zeit gerade vorherrschenden Aggression - sie hat wohl ein Höchstmaß erreicht - in liebevoller Weise begegnen zu können, müssen wir den Ablauf von Aggression genauer betrachten. In vielen asiatischen Ländern zum Beispiel gilt aggressives Verhalten als Zeichen einer unreifen Seele, eines unreifen Menschen oder Bewusstseins. Dort werden Konflikte oft mit einem freundlichen Gesicht gelöst. Wer sich dort nicht selbst-bewusst führen und beherrschen kann, ist bereits der Verlierer. Wenn Dich also jemand auf die rechte Wange schlägt und Du Dich darüber ärgerst, dann hast Du bereits verloren. Sobald Du das innere Zentrum des Friedens in Dir verlässt, kannst Du nicht mehr als Gewinner aus einer solchen Situation hervorgehen.

Aus Aggression entsteht zuerst Wut. Wut seinerseits erzeugt Hass und Hass endet in Gewalt und Zerstörung. Am Ende dieser Spirale angelangt, hasst und zerstört sich der Mensch selbst; doch danach beginnt die Umkehr. Zerstörung verlangt immer nach einem Neuanfang. Dieser benötigt Gemeinschaft. Gemeinschaft fordert Zusammengehörigkeit und diese wiederum lässt Mitgefühl entstehen und dieses mündet - endet - in Liebe. Jeder kann jederzeit aus diesem harmonischen Fluss aussteigen und erneut in die Aggressionsspirale eintreten. Es steht jedem frei. Aber eines Tages, wenn der Mensch den Weg zu Ende geht, endet auch er am selben Ziel: der Liebe.

Aus dieser Sicht entsteht also Liebe durch Hass, Mitgefühl aus Wut; und aus Aggression: Verbundenheit. So gesehen also keine ‚schlechte Sache'. Der Zustand der Welt sollte Dich also nicht beunruhigen. Es regelt sich alles von selbst, vor allem dann, wenn Du auf jegliche Form von Aggression mit Liebe, Verständnis und Mitgefühl antwortest. Ich sage nicht, dass dies eine leichte Sache ist, aber es ist ja auch nicht leicht, sich ständig zu streiten, aufzuregen und zu kämpfen, oder? Nehmen wir also an, dass beides gleich anstrengend ist, weshalb dann seine Kräfte nicht für eine erfolgversprechendere Methode einsetzen, welche die Möglichkeit des Weltfriedens in sich birgt? Es wäre doch zumindest einen Versuch wert, oder?

Du kannst darauf vertrauen, dass dies funktioniert. Denn es liegt in der Natur der Schöpfung, dass sich alles in Liebe wandelt, was sich in seiner Entwicklung vollendet. Es ist nicht deshalb, weil die Liebe ‚besser' ist als der Hass, denn beides nimmt denselben Stellenwert ein: Tag und Nacht, Sonne und Regen, Winter und Sommer, Yin und Yang usw. Es liegt einfach in der Natur der Schöpfung. Es ist auch sinnlos, darüber diskutieren zu wollen, es ändert nichts an der Tatsache, dass es so kommt, wie es gewollt ist. Und es ist gewollt, dass alle Menschen, welche den Weg nicht direkt finden, durch Schatten zum Licht gehen. Mehr nicht. So gesehen, ist es eine schöne, wenn manchmal auch schmerzhafte Angelegenheit. Aber wenn Du weißt, wohin das Ganze führt, dann ist es leicht zu ertragen. Vertraue einfach in die Weisheit der Schöpfung. Vertraue, dass das, was Du als ‚Gott' bezeichnest, Liebe ist und fließe mit dem Strom des Lebens ins Meer der Liebe. Das Böse ist wie der Schmerz vor der Geburt. Lass Dich von den gegenwärtigen Geburtswehen nicht beeinflussen. Behalte immer das im Auge, was geboren werden will und es wird geboren werden. Sei weise, warte und staune. Alles regelt sich; und dies am einfachsten dann, wenn Du Dich an die Regeln der Friedfertigkeit der Seele hältst. Tadle nicht was vollkommen ist, sondern versuche diese Vollkommenheit zu verstehen und die beeindruckende Größe der Liebe, welche dahinter steht zu erfassen: Sei weise, warte und staune. Die größte Lehre Jesu, Mohammeds, Buddhas, Zarathustras, Krishnas und aller anderen Erleuchteten beruhte stets auf der Lehre der Liebe, des Friedens und des Miteinanders. Die zentrale Aussage war und ist immer noch, nicht zu bewerten, nicht zu urteilen, keinen ‚ersten-Stein-zu-werfen' und niemandem Leid zuzufügen. Da Eigenschaften, welche auch als Untugenden bezeichnet werden, wie Stolz, Gier, Machtgelüste, Hochmut und Verlogenheit dafür verantwortlich sind, dass Menschen aggressiv werden, wurde natürlich auch auf diese Dinge hingewiesen. Die Untugenden sollten jedoch nicht dergestalt zum zentralen Thema erhoben werden, wie es die heutigen Religionen offenbar beschlossen haben nur – um etwas zum Bekämpfen zu haben... Es war lediglich als Hinweis gedacht um den Menschen zu zeigen, in welcher Hinsicht sie sich entwickeln könnten. Es ist niemals eine Frage des Wissens, sondern der Friedfertigkeit des Herzens. Selbst das eingeweihteste Wissen führt – ohne Herz angewandt – nicht zum Ziel. Strebt nicht nach Wissen, sondern nach Weisheit. Weisheit entsteht durch Liebe. Liebe kann nicht entstehen, denn Liebe ist schon. Liebe ist Anfang und Ende, Alpha und Omega, Ursprung und Ziel allen Seins. Nicht Liebe in dem Sinne, wie Du es vielleicht verstehst. Liebe, wahre Liebe ist viel größer, viel weiter, viel bedingungsloser als die größte Vorstellung, die Du Dir jemals von ihr machen könntest. Liebe lässt sich nicht ‚machen', sie lässt sich bloß erfahren. Du kannst Liebe nicht greifen und vorzeigen, aber Du kannst Dich so von ihr ergreifen lassen, dass Dein ganzes Leben umgewandelt wird. Jeder wird es Dir ansehen können und spüren, dass etwas Besonderes von Dir ausgeht. Einige werden es Liebe nennen, andere Frieden oder einfach Sympathie, aber jeder wird es bemerken. Einerlei wie andere darauf reagieren – ob ebenfalls mit Liebe oder mit Aggression – es ändert nichts an Deinem Zustand, denn Du bist dann ‚nicht-(mehr)-von-dieser-Welt'. Deine Antwort wird immer die selbige sein: Liebe. Jetzt hast Du verstanden, was es bedeutet, auch die linke Wange hinzuhalten und selbst wenn Dich jemand schlägt, ist er mit Dir in Kontakt gekommen und Du hast die Möglichkeit genutzt, ein wenig Licht in die schlagende Hand strömen zu lassen. Damit hast Du das Lichtvolle im anderen geweckt!

Ja, manchmal wird gewissermaßen auch der ‚Handaufleger' vom ‚Patienten' geheilt. Und manchmal, wenn Päpste, Rabbis, Priester oder andere religiöse Würdenträger die Menschen segnen oder die Tiere, empfangen sie in Wahrheit deren Segen. Und sie wissen nicht, wie dankbar sie dafür sein können. Denn ihre Saat der Indoktrination, des Schuldgefühls und der Gottesfurcht, welche sie gesät haben, würde eine schwierige Ernte nach sich ziehen und sie könnten sie nicht ertragen ohne Deinen Segen und ohne mit Dir in Kontakt gekommen zu sein. Dennoch, stelle Dich nicht über sie – doch auch nicht unter sie. Bleibe immer dort, wo Du schon seit Urzeiten bist, im Zentrum Deines Herzens, im Zentrum Deiner friedvollen Seele, in Gott, in Dir.

Die Wahrheit ist Liebe, alles andere ist Lüge. Diese Wahrheit ist unvergänglich, es ist das Einzige was zählt. Wenn also ‚Frieden-mit-Dir' sein soll, dann muss zuerst Wahrheit in Dir sein! Welchen Weg auch immer Du gehen möchtest, gehe ihn. Aber gehe ihn in Wahrheit. Denn nur der Wahrheit folgen Friede und Liebe freiwillig und alle Kämpfe werden ein Ende finden. Danke.

Aggression

„Als Aggression *(lat. adgredi: herangehen, angreifen)* wird feindseliges Verhalten bezeichnet, das die eigenen Interessen, unter Verletzung der Interessen des Gegenübers, durchzusetzen versucht. Im Zusammenhang mit menschlichem Verhalten äußert sich Aggression in verbalen oder tätlichen Angriffen gegenüber Personen, Personengruppen und Sachen. Unter Aggression versteht man die beabsichtigte physische und psychische Schädigung eines Lebewesens (Mensch oder Tier) oder die Beschädigung eines Gegenstandes. Die verschiedenen Aggressionstheorien lassen sich in Theorien gliedern, welche aggressives Verhalten auf bestimmte unterschiedliche Faktoren zurückführen.

Formen der Aggression

- **physische Form:**
  Körperliches Bedrohen, Schlagen, Töten
- **verbale Form:**
  Mimische Ausdrucksweisen, Spotten, Schimpfen
- **emotionale Form:**
  Groll, Ärger, Wut, Hass

In vielen Fällen ist aggressives Verhalten der Versuch, ein bestimmtes Problem zu lösen. Aggressives Verhalten wird dann instrumentell eingesetzt, das heißt, es wird versucht, auf diese Weise bestimmte Ziele zu erreichen.

Typische Aggressionsziele sind zum Beispiel:

- **das Durchsetzen eigener Wünsche und Interessen, die mit Wünschen anderer im Konflikt stehen**
- **Beachtung durch andere finden** (Aufmerksamkeit erzwingen)
- **Reaktion auf Aggression anderer** (Abwehr)
- **Vergeltung erlittener Aggressionsakte** (Rache)

Soweit also die Definitionen des Lexikons. Eine Form der Aggression und vor allem deren Vorgehensweise wird, (wie oben, auch wieder), meist unterschlagen. Nämlich die psychische Aggression. Ebenfalls unterschlagen wird oft auch die Tatsache, dass die meisten Menschen aggressiv reagieren, wenn sie durchschaut werden. Aber nicht alle werden dann offensichtlich nach außen hin aggressiv, sondern viele verbergen es mittels übertriebener Unterwürfigkeit oder durch ‚Sich-selbst-als-Opfer-darstellen' sowie mit sich selbst demütigendem Verhalten.

Auch Schwäche kann als ‚Waffe' benützt werden. In der Tat ist es so, dass die schwächsten Menschen die brutalsten Waffen erfinden und noch schwächere benutzen sie dann auch.

Aggression in der Familie

Betrachten wir ´mal Aggression in der Familie, so wird schnell klar, dass es da zwei Hauptvarianten gibt. Die meist männlich-dominante und die meist weiblich-devote. Der Täter und das Opfer. Natürlich gibt es Ausnahmen, was jedoch für unsere Betrachtung nicht relevant ist. Oft ist es sogar das Opfer, welches sich besser durchsetzt als der Täter. Alle nehmen Rücksicht, außer vielleicht einer: der dominante Boss. Die schlimmste Waffe solcher ‚schwachen' Menschen ist die Drohung mit Selbstmord oder Selbstverletzung. Denn sich selbst kann man schützen, aber jemanden vor sich selbst zu schützen, ist unmöglich. Somit sind selbst dem größten Macho die Hände gebunden und er ist der Machtlosigkeit anheim gestellt.

Subtile Aggression

Subtile Aggression kennt jeder von uns. Zunächst natürlich bloß, weil er es bei anderen beobachtet oder von der Opferseite erlebt hat, aber bei genauerem Hinschauen wohl auch von sich selbst. Es ist jene Version, die sich am besten hinter scheinheiligen oder logisch und ehrlich klingenden Argumenten verstecken kann. Es sind auch jene Momente, wo wir gezielt genau jene Worte – auch wenn sie lieb und nett sind – gebrauchen, von denen wir genau wissen, dass sie den anderen auf die Palme bringen. Auch demonstratives ‚Ruhig-und-ausgeglichen-sein' fällt in diese Kategorie. Ein falsches Schweigen im rechten Moment kann sehr provozierend wirken... und wir wissen das und wir nutzen das auch. Hierhin gehören auch diese kleinen fiesen Dinge, wie das Liegenlassen von Socken, gebrauchtem Geschirr, Brotkrümeln oder wovon auch immer wir wissen, dass es den anderen oder die andere provoziert. So ‚Kleinigkeiten' eben...

Des Weiteren fallen in diese Kategorie auch Aussagen wie: ‚Wegen Dir fühle ich mich so und so...', ‚Du bist schuld, dass...', ‚Wenn Du nicht dies oder jenes gemacht oder gesagt hättest, dann...' und auch Fragen wie: ‚Wieso/Weshalb/Warum hast Du...?'

Ebenfalls hier hinein gehören Aussagen, wie: ‚Du machst mich noch krank mit...', ‚Du machst mich wahnsinnig, wenn Du...', ‚Du bist ja so gemein...', ‚Wie soll es bloß mit uns weiter gehen?' Da gibt es natürlich noch 1001 weitere Möglichkeiten, aber ich glaube, Du weißt, was ich meine, oder?!

Und es gibt auch noch diese kleinen Verhaltensweisen, welche ebenfalls äußerst provozierend wirken können wie zum Beispiel: spucken, sich räuspern, nicht zur Seite treten, wenn nötig so tun als ob man nicht verstehe, was der andere meint, absichtliches Falsch-verstehen, Zu-spät-kommen, ein bestimmter Stil mit dem Auto zu fahren, bestimmte Fernsehsendungen schauen oder verpassen, ständiges Meckern über Geldausgaben usw. Aber nicht nur Handlungen fallen in diese Rubrik, sondern auch Nicht-Handlungen. Nicht zu helfen... nicht zu klären... oder nicht zu warnen, wenn man es könnte. Insgesamt also einfach Unterlassungen. Weißt Du, wenn man den anderen einfach bewusst auflaufen lässt oder Fehler machen lässt, damit man danach sagen kann: ‚Ich hab's ja gewusst' oder ‚Ich hab's Dir ja gesagt, dass...' - Verstehst Du, was ich meine?

Selbstaggression

Oft vergessen wir auch die Aggression gegen uns selbst. Die meisten Menschen führen einen äußerst aggressiven Krieg, subtil oder offen, gegen sich selbst, gegen ihren Körper, gegen ihre Intelligenz oder gegen ihre Bedürfnisse. Asketentum zum Beispiel ist meist eine solche Form der Aggression. Man trifft sie häufig bei spirituellen Menschen an. Hier eine kurze, unvollständige Liste aggressiver Verhaltensweisen gegen sich selbst:

- **Selbstkritik**
- **Drogenmissbrauch**
- **Alkoholmissbrauch**
- **Medikamentenmissbrauch**
- **Übertriebener Konsum von Süßigkeiten**
- **Genussmittelmissbrauch**
- **Übertriebene Sexualität**
- **Sich zuwenig Zärtlichkeit erlauben**
- **Sich zuwenig Süßigkeiten erlauben**
- **Sich zuwenig Sexualität erlauben**
- **Seinen Körper zu kritisieren**
- **Seinen Körper schön zu quälen**
- **Seinen Körper zu vernachlässigen**
- **Zu wenig oder zuviel schlafen**
- **Zuviel oder zuwenig Selbstdisziplin**
- **Zuviel TV- oder Nachrichtenkonsum**
- **Sich selbst verletzen oder in Gefahr bringen**
- **Zuviel arbeiten**
- **Zuwenig arbeiten**
- **Finanzieller Mangel**

usw.

Tja, und zu guter Letzt noch die am weitesten verbreitete Form der Aggression gegen andere:

- **Das Kritisieren**

Wir können durch die Dosierung all dieser Dinge natürlich so tun, als ob es sich nicht um Aggression handle und sagen, dass es zum Beispiel konstruktive

Kritik sei, aber es bleibt dennoch Kritik. Vielleicht liegt es auch daran, dass wir nicht in gewaltfreier Kommunikation geschult wurden und nicht wissen, wie wir uns sonst äußern sollen. Dies ist jedoch mit dem folgenden Leitsatz ganz einfach:

‚Sprich immer von *Dir, Deinen* Gefühlen und *Deiner* Sichtweise, ohne das Zustandekommen Deines Standpunktes und Deines Erlebens jemand anderem zuzuschreiben.'

Wenn es Dir also nicht gut geht, nachdem jemand dies oder jenes gesagt oder getan hat, dann sage einfach: ‚Ich fühle mich so oder so...' Aber hänge nicht an: „weil...". Das ‚weil' will immer die Verantwortung von sich weisen und jemand dafür beschuldigen, wie man sich selbst fühlt. Und wenn Du bemerkst, dass sich Dein Gegenüber genervt oder gereizt anfühlt, dann sage nicht: ‚Du bist aber wieder genervt!' Frage besser: ‚Habe ich Dich irgendwie verletzt?' Um nicht darauf zu reagieren, was jemand anderer fühlt, musst Du wissen, dass ebenfalls nicht Du verantwortlich bist dafür.

Jeder und jede trägt die Verantwortung dafür, wie er oder sie sich fühlt selbst. Ansonsten wirst Du es immer persönlich nehmen, wenn sich jemand schlecht fühlt und weil Du nicht schuld sein willst, beginnst Du in eine Abwehr- oder Angriffshaltung zu gehen. Was dabei herauskommt sind nichts weiter als Vorwürfe, Vorwürfe, Vorwürfe... Manchmal verbergen sich solch steinigende Vorwürfe auch hinter gut gemeinten Rat-Schlägen. Aber auch diese können schmerzen. Deshalb erteile ich Ratschläge nur im äußersten Notfall. Davor frage ich immer mein Gegenüber, ob er/sie selbst eine Idee oder eine Lösung hätte. Interessanterweise haben die Menschen immer selbst einen Rat parat. Dann ist es viel einfacher und weniger konfliktgefährdet miteinander zu kommunizieren. Wer nämlich ein Problem hat – er hat es ja selbst erschaffen – hat auch immer irgendwo eine Lösung parat.

Aggression verstehen

Aggressivität hat auch immer etwas mit Verzweiflung zu tun. Kein Mensch ist einfach so, von Natur aus aggressiv. Menschen werden es erst im Laufe ganz bestimmter Erfahrungen wie Unterdrückung, Missachtung, Verletzung und Hilflosigkeit. Das ist sehr wichtig zu wissen, ansonsten werden wir selbst subtil aggressiv gegen Aggressive. Wut und Ärger können nicht mit Aggression besänftigt werden, sondern nur mit Wertschätzung, Verständnis und Liebe.

Aggression neutral betrachtet

Neutral betrachtet bedeutet Aggression ein aktives Zupacken, ein An-etwas-Herangehen. Es verdeutlich so gesehen also einfach das aktive, männliche Prinzip. Es ist neutral betrachtet vorerst einfach ein Aktivitätspotenzial.

Aktive und passive Aggression

Aggression in seiner aktiven Form entspricht Tatkraft als Aktion. Sie ist die Ursprungsvariante. In seiner passiven Form wird Aggression als Reaktion und somit meist destruktiv und nicht als Ursprungsaktion gelebt.

Folgen unterdrückter neutraler Aggression

Wird dieses Aktivitätspotenzial jedoch laufend beschnitten, vor allem in der Jugend, dann wird es verständlich, dass die meisten destruktiven, offensichtlichen Aggressionsakte von Männern ausgeführt werden. Tja, Kriege zum Beispiel sind offensichtlich Männersache. Da Männer jedoch zum Großteil von Frauen erzogen werden und Frauen Aggression meist verurteilen, verbieten oder zumindest zu unterdrücken versuchen, bin ich der Meinung, dass man hier ansetzen müsste. Dies ist nun keine Schuldzuweisung, sondern eine Orientierung, um zumindest einen Anhaltspunkt zu haben, wo man ansetzen könnte. Denn es ist viel einfacher, junge Buben, als alte Männer zu erziehen. Allerdings frage ich mich gerade, wer die Mütter erzieht? O.k. dann lasst uns doch gleich damit, bei unseren Töchtern beginnen. Denn die Töchter von heute sind die Mütter von morgen und die sind bekanntlich bereits einige Jahre vor ihren Söhnen da. Allerdings müsste wiederum jemand da sein, der es den heutigen Müttern beibringen könnte und diese müssten es allerdings auch wollen. Nun ja, vielleicht ist dies wirklich ein hoffnungsloses Unterfangen, wo soll man nun bloß anfangen? Ich hoffe, die Antwort kommt schneller als die Zerstörung unseres Planeten durch Aggression fortschreitet. Ansonsten könnte folgende Geschichte vielleicht doch noch wahr werden:

Treffen sich zwei Planeten, sagt der eine zum anderen: „Na, wie geht es denn so?" - „Na ja, nicht so gut" antwortet der andere Planet, „Ich habe ‚Homosapiens'." „Oje" erwidert der andere, „Aber mach' Dir keine Sorgen, das kenne ich, das vergeht von alleine!"

Umgang mit und Auflösen von Aggression
Eine andere Möglichkeit als auszuflippen, um mit Aggression umzugehen, gibt es natürlich auch, ganz abgesehen davon, dass erst gar keine aufkäme, wenn die Menschen sich selbst und ihre Bedürfnisse nicht ständig unterdrücken würden.

Man kann Wut und Ärger nämlich auch fühlen, anstatt wütend auf Wut und aggressiv auf Aggression zu sein. Wir kennen alle die Methode, zuerst bis 10 zu zählen, bevor man in kritischen Situationen reagiert. Das ist ein guter Tipp. Wie schon erläutert, stehen hinter Aggression immer Angst und Schwäche. Ich könnte also, wenn mich Wut überkommt, auch kurz innehalten und meine Wut fühlen, durch sie hindurch gehen und entdecken, welche Angst und welche Schwäche mich gerade steuern. Dann könnte ich mir diese endlich eingestehen, auch sie fühlen und durch sie hindurchgehen. Am anderen Ende komme ich dann wie verwandelt wieder hervor, weil ich nichts zu fürchten brauche, was ich kenne und wovor ich keine Vorbehalte habe, es zu fühlen.

Dies ist *eine* Möglichkeit und es gibt viele andere, Du kannst in ein Kissen schlagen und Deiner Wut Ausdruck verleihen. Das ist immer noch besser, als auf jemand anderen einzuschlagen. Man könnte tief durchatmen und seinen Körper entspannen, so lange, bis auch die innere Spannung nachlässt. Oder man könnte lernen, seine Power in kreative Kraft umzuwandeln oder sie in die Arbeit oder ins Hobby stecken. Ganz egal, wie Du es machst, Hauptsache Du machst etwas damit und schluckst es nicht hinunter. Einfach so zu tun, als wäre man ruhig und entspannt ist sehr gefährlich. Dies nenne ich das klassische

Unterdrücken. Menschen, die oft ihre Wut unterdrücken oder verdrängen, begegnen uns meist in Schlagzeilen wieder. Es sind die stets ruhigen, zuvorkommenden und freundlichen Nachbarn, welche irgendwann ein Massaker begehen, welches keiner verstehen kann.

Wie gesagt, ich löse solche Emotionen durch ‚Fühlen' auf. Denn es ist vollkommen in Ordnung manchmal wütend oder verärgert zu sein.

Tue Du etwas damit, bevor es etwas mit Dir tut!

Aggression begegnen

Wie bereits gesagt: Anstatt uns gegen Aggression anderer zu wehren, können wir ihr auch begegnen. Wenn Du in innerer Verbundenheit, Wertschätzung und Liebe bleibst, in innerer Verbindung, dann kann Dir die Aggression anderer nichts anhaben. Meist löst sie sich auf oder entlädt sich wie eine zerplatzende Seifenblase. Das Dümmste ist wohl, ihr mit Abwehr oder ebenfalls mit Aggression zu begegnen. Das wäre etwa so, wie wenn man Öl ins Feuer gießt. „Rechte Wange - linke Wange". Das ist mein Credo. Natürlich gibt es Situationen, in denen man strikt und klar Einhalt gebieten muss, aber das ist ein anderes Thema. Meistens gibt es genügend andere Menschen, die das für uns übernehmen und die auch Freude an Macht haben, wie z.B. Polizisten, Militärs, Sicherheitsbeamte, Leibwächter, Ritter, Räuber und sonstige Ganoven...

SCHULD UND VERGEBUNG

Dieses Thema könnte man sehr schnell abhandeln. Denn eigentlich existiert beides nicht. Keine Schuld: keine Vergebung, oder? Also müssen wir automatisch davon ausgehen, dass Schuld existiert. Wer ist denn eigentlich daran interessiert, dass wir an ‚Schuld' glauben? Schuld und Sünde sind von alters her bekannte Druckmittel um das Verhalten der Menschen zu kontrollieren.

Zwar wird uns immer wieder weisgemacht, dass es mit Verantwortung zusammenhängen würde, wenn man sich schuldig fühle, aber dem ist nicht so. Im Gegenteil: Echte Verantwortung zu übernehmen bedeuten nämlich, dass ich mich besser fühle, sobald ich sie übernommen habe. Dies ist jedoch kaum der Fall bei Schuldgefühlen, oder? Sich schuldig zu fühlen macht die Menschen klein; und ‚kleine' Menschen sind nicht in der Lage echte Verantwortung für ihr Tun zu übernehmen. Wird ein Mensch gegenüber einem anderen ‚schuldig', so beginnt er diesen entweder anzuzugreifen, oder sich ihm zu unterwerfen. Will man die selbst empfundene Schuldigkeit loswerden, dann möchte man eine Wiedergutmachung leisten, das ist normal für alle, die noch ein Herz haben. Sie spüren, dass die Erleichterung von der Last in der Wiedergutmachung steckt. Nur, wer sich schuldig fühlt tendiert dazu, diese Wiedergutmachung maßlos zu übertreiben um sich damit für sein Verhalten auch noch zu bestrafen. Er denkt vielleicht, wenn er selbst nur genug gelitten hätte, sei alles wieder in Ordnung. Das ist jedoch ein Irrtum. Derjenige, der interessiert daran ist, dass wir ihm gegenüber schuldig bleiben, wird sich nämlich damit nicht zufrieden geben können. Ja, das ist schon richtig: Schuld wird oft als ein ‚tolles Werkzeug' verwendet. Solange jemand mir gegenüber schuldig bleibt und ich ihm das moralisch auch verdeutlichen kann, ist der andere von mir abhängig. Und diese Abhängigkeit lässt sich dann natürlich hervorragend zu den eigenen Gunsten ausnützen.

Jede Institution, jede Gruppe oder jeder Mensch mit Interesse an Gefolgschaft, an Gläubigen oder Mitgliedern läuft Gefahr, diesen Missbrauch zu betreiben.

Viele Menschen glauben zum Beispiel auch, dass der ‚liebe Gott' ihnen vergeben müsse, damit sie wieder glücklich-Sein und sich geliebt fühlen dürfen. Doch wenn Gott reine Liebe ist, dann nimmt er uns nichts übel! – Und somit gibt es auch nichts zu vergeben. Der Mensch muss wieder lernen zu lieben! Am besten so, wie Gott uns liebt: bedingungslos. Wer bedingungslos liebt, der nimmt keinem etwas übel und somit gibt es auch nichts zu vergeben. Gut, ich gebe zu, dass dies einem Idealzustand entspricht. Aber es ist wichtig, dass dies ´mal so ausgesprochen wird. Denn meistens ist es ja so, dass der, welcher vergibt immer ganz wunderbar edel dasteht, obwohl er ja eigentlich nicht viel mehr getan hat, als sich als Opfer zur Verfügung zu stellen. Eine Wiedergutmachung ist auch nicht dazu gedacht, sich von der Schuld freizukaufen, sondern um mit seinem eigenen Innern, seiner eigenen Intuition und mit sich selbst wieder ins Reine zu kommen – um sich wieder auf das Wesentliche ausrichten zu können.

Wenn man nämlich anstatt sich schuldig zu fühlen, Verantwortung übernimmt, dann fühlt man sich augenblicklich stark. Es braucht Mut das zu tun und deshalb fühlt sich dabei dann auch keiner klein. Wenn sich also jemand ‚schuldig' bekennt, sich danach aber immer noch so ‚klein' und ‚schuldig' fühlt, dann bedeutet dies, dass er noch nicht die gesamte Verantwortung für sein Tun übernommen hat. In gleicher Weise verhält es sich mit jemand, der / die einen anderen Menschen beschuldigt. Wo das vorkommt – kommt dies stets aus dem eigenen schlechten Gewissen. Der Beschuldiger hat offensichtlich auch Dinge, die er bereinigen sollte und daher würde er gut daran tun, zuerst vor seiner eigenen Tür zu kehren. Wie heißt es so schön? „Wer ohne Sünde ist, werfe den ersten Stein." Oder: „Wer im Glashaus sitzt, sollte nicht mit Steinen werfen." Ankläger sind immer mit Vorsicht zu genießen! Denn wer die Verantwortung für sein eigenes Handeln übernimmt, hat keine Zeit dafür andere zu beschuldigen. Wer also an sich selbst arbeitet und die Selbsterkenntnis pflegt, hört letztlich damit auf, andere zu beschuldigen. Er hat tatsächlich genug mit sich selbst zu tun und weiß, wie wenig förderlich es ist, von anderen beschuldigt zu werden. Er wird anderen nicht den gleichen Schmerz zufügen, den er / sie selbst, aus eigener Erfahrung kennt und den er selbst ebenfalls auch nicht wiedererleben möchte. In Folge dessen wird er auch nicht verzeihen müssen – weil er voller Mitgefühl für seinen Nächsten ist. Wo Liebe ist und Weisheit, da ist kein Platz für Schuldzuweisungen und – keine Notwendigkeit für Vergebung. Also: Bilde Dir nichts darauf ein, dass Du vergeben kannst. Lerne noch mehr zu lieben. So sehr, dass Vergebung nicht mehr notwendig ist. Ich hoffe, Du verstehst meine Worte und – bevor Du mich des Unrechts beschuldigst, kehre vor der eigenen Türe... Und *wenn* Du mich beschuldigst, dann ist auch das in Ordnung... Ich liebe Dich und bin im Reinen mit mir. Deshalb fürchte ich keine Entlarvungen und Beschuldigungen. Natürlich, auch ich habe ‚Fehler' gemacht und mache sie, sobald ich sie aber erkenne, bringe ich sie wieder in Ordnung – ohne Schuldgefühle, sondern mit Eigenverantwortung und Selbstbewusstsein, groß und stark. Wir alle waren oft genug klein und ängstlich. Es ist Zeit [redacted] eigenen Größe zu stehen, selbstbewusst und verantwortungsbewusst zu leben und der Wahrheit ohne Furcht gegenüberzutreten. Du brauchst keine Vergebung, sondern Liebe. Und ich auch. Wir alle sind weder irgendwann ‚schuldig' geworden, noch an etwas schuld, sondern bloß: verantwortlich! Verantwortlich zu sein klingt wohl weit weniger bedrohlich, oder? Wird es dadurch nicht wesentlich leichter Verantwortung anzunehmen...?! Wie viel anders doch, als wenn wir sagten, der andere sei schuld daran, was wir selbst fühlen...! Damit geben wir doch stets unser eigenes ‚Ursprung-Sein' an andere ab – und somit auch die Macht über unser Leben. Das sollten wir niemals tun, weder hier auf Erden, noch im Hinblick auf unser Dasein danach. Denn: Schuldgefühle sind es, welche uns davon abhalten in die himmlischen Ebenen einzugehen. Der beste Trick um Menschen an der Eins-Werdung mit Gott zu hindern ist und bleibt die sogenannte ‚Erbsünde'. Sie setzt voraus, dass jeder Mensch schuldig und somit schlecht ist. Wer an solches glaubt, wird vielleicht ganz versessen darauf sein, ein mühseliges Leben im Schweiße seines / ihres Angesichts zu führen, alleine aus der Hoffnung auf mögliche Vergebung. Dabei verpasst er die Tatsache, dass er / sie im Prinzip nur sich selbst vergeben müsste – und die ganze Geschichte wäre gegessen. Tja, also dann: Prost-Mahlzeit.

FAMILIE – HEIRAT

KINDER - TRENNUNG

Die andere Sichtweise...

Obwohl ich persönlich nichts gegen Heiraten und Familienbildung und schon gar nichts gegen Kinder habe, gibt es einige interessante und überdenkenswerte Aspekte, welche bei dieser Thematik nicht ungenannt bleiben sollen. Zuerst ´mal einige Fragen:

Wozu soll einer liebevollen Partnerschaft das Siegel des Gesetzes in Form einer rechtlichen Eheschließung aufgepresst werden? Reicht es denn nicht, wenn zwei Menschen sich einfach nur lieben? Worin liegt denn der Sinn einer Heirat und was sind die wahren Hintergründe einer rechtlich abgesicherten Form der Partnerschaft?

Ich weiß natürlich selbst, dass es vermessen klingt, solche Fragen überhaupt zu stellen. Handelt es sich doch um ein seit Jahrhunderten bewährtes System der Gewährleistung familiären Friedens. Keine andere Institution steckt den Rahmen der Begrenzungen und Sicherheit klarer und auch enger als eine Heirat. Dass man dazu den rechtlichen wie auch den kirchlich-spirituellen Segen benötige, ist mir allerdings ein Rätsel. Braucht man etwa Gesetze und Zeugen um die eigene Liebe zu beweisen? Traut man den eigenen Gefühlen und guten Absichten nicht oder denen des / der anderen, dass man meint, solcherlei Maßnahmen zu benötigen? Habe ich Angst, dass sonst meine oder unser beider Liebe nicht von Dauer wäre? Doch bestimmt nicht. Viel eher handelt es sich bei der Eheschließung um ein allseits respektiertes Indoktrinationsmittel, welches eine Moral vorspiegeln will, die gar nicht existiert. Die Eheschließung besiegelt nicht die Liebe, sondern die Ängste. Die Menschen fürchten sich vor der möglichen Untreue des Partners sowie vor einem möglichen finanziellen Ruin bei einer Trennung vom Partner, von dessen Portemonnaie man, im Laufe der Jahre, möglicherweise vollkommen abhängig geworden ist. Die Ehe verleitet Paare dazu - obwohl oft nicht die geringste Spur jener heiligen Liebe mehr vorhanden ist, welche die zwei Menschen zusammengeführt hat - sich dennoch an einander festzuklammern. Die Scheidungsrate in Europa liegt ca. bei 45%, von den restlichen 55% leben rund 50% einfach so neben einander und sind einfach deswegen zusammen, weil sie sich aneinander gewöhnt haben. Die restlichen 5%, deren Liebe jedoch nach wie vor, wie ein Lebenselixier zwischen zwei Menschen schwingt - behaupte ich - wären so oder so zusammen, mit und auch ohne rechtliche Eheschließung.

Ehe und Sicherheit

Verheiratet zu sein tötet in den meisten Fällen die Liebe. Jetzt beginnen die Erwartungen und Verpflichtungen größer zu werden als die Liebe und Zärtlichkeit, das Haben mehr zu werden als das Sein und das Nehmen mehr als das Geben und die Angst zu verlieren größer als der Wunsch, am Glück des anderen teilhaben zu dürfen. Insofern ‚besiegelt' eine Ehe also mehr die gegenseitige Abhängigkeit anstatt die Liebe. Liebe kann man nicht besiegeln, entweder sie ist da oder sie ist nicht da. Entweder sie bleibt bestehen, oder sie vergeht. Sie am Vergehen zu hindern ist genauso wenig möglich, wie sie zum Entstehen zu zwingen. Liebe *ist* oder ist nicht. Auch um Kinder haben zu können, benötigt es nicht Gesetze, sondern Liebe. Die Kinder selbst, nehmen immer jene Erwachsenen als „Eltern" in ihren Herzen auf, denen sie sich durch Liebe verbunden fühlen. Herzen ordnen sich keinen Gesetzen unter. Herzen sind frei, frei all jene zu lieben, deren Herzen sie sich nahe fühlen. Herzen lassen sich nicht beirren. Selbst dann nicht, wenn wir oft schauerlich mit ihnen umzugehen pflegen. Ja, denn das Herz kann nichts als lieben. Hassen kann nur der Verstand. Und unser Verstand ‚liebt' die Sicherheit mehr als die Freiheit der Liebe. Bekommt er, was er sich wünscht, so ist er´s zufrieden. Anderenfalls ist er unzufrieden. Die Ehe dient also in erster Linie dazu, dass der Verstand bekommt, was er sich wünscht. Somit wird deutlich, dass die Ehe eine reine Verstandesangelegenheit ist. Sie dient einfach dazu, finanzielle und rechtliche Dinge in Bezug auf eine Beziehung zweier Menschen und deren möglicherweise vorhandene Kinder zu regeln. Aber weshalb wird dies denn überhaupt benötigt? Vertrauen sich die Liebenden nicht? Oder möchten sie der Welt etwas zeigen? Fürchten sie etwa gar bereits, dass ihre Liebe keinen Bestand haben wird...?!

Ehe und Sex

Tja, für die meisten Menschen scheint die Treue das Wichtigste in einer Beziehung zu sein und sie holen mit einer Heirat für sich das Gelübde der ‚Treue' ein. Aber, Treue ist entweder vorhanden oder nicht. Kein Mensch kommt auf die Dauer irgendwelchen Verpflichtungen nach, deren Erfüllung nicht seinem oder ihrem Herzen entspricht. Im Gegenteil. Von nun an weiß jeder, dass er oder sie, im Falle eines ‚untreuen Momentes', von der ganzen Welt als Schuldiger oder Schuldige betrachtet und verurteilt werden würde. Er oder sie verlöre dadurch sämtliche Rechte und Ansprüche auf finanzielle Dinge, wie auch das Recht auf Mitsprache in Bezug auf das Wohl der eigenen Kinder. Er oder sie ist ja dann auch schließlich

‚schuld' am Bruch der Ehe. Ja, es heißt Ehebruch! Somit reduziert sich die Ehe also doch bloß auf die Vereinbarung ‚treu zu sein'. Dies zeigt auf, wo der eigentliche Grund, sich zu verheiraten, liegt: in der Angst vor Verlust. Diese Angst tarnt sich jedoch hervorragend hinter dem Argument der Liebe. Es ist für fast jeden Menschen klar und normal, dass zwei Menschen, die sich lieben sich auch treu sind. Interessanterweise bezieht sich diese ‚Treue' ja stets auf die Sexualität. So rangiert zunächst also die Sexualität in der Beziehung an erster Stelle, spielt sozusagen die ausschlaggebende Rolle. Ich finde, dass sie damit ziemlich stark überbewertet wird. Später, wenn die sexuelle Tatkraft nachlässt, spielt seelische Verbundenheit wieder die maßgebende Rolle. Dann, aber auch erst dann, wenn man nicht mehr kann, wenn man sexuell inaktiv oder unfähig geworden ist, besinnen sich die Menschen wieder ihrer ursprünglichen Verbundenheit. Deshalb wird Liebe im Alter dermaßen schön und frei, weil die Angst vor dem Seitensprung mehr und mehr gewichen ist.

Wäre also die Sexualität in unserer Gesellschaft nicht dermaßen unterdrückt, überbewertet und mächtig, wäre eine Ehe auch ohne Trauschein echt und durchaus tragfähig. Wollen wir es ´mal so denken: Einen Trauschein benötige ich bloß dann, wenn ich – nicht traue! Vielleicht sollten wir alle uns das ´mal etwas genauer überlegen...

Kinder, Familie, Ehe und Erleuchtung

Für Kinder sind die meisten Familien reine Indoktrinationswerkstätten, wo ihnen beigebracht wird, wie sie sich verhalten müssen um im Leben möglichst wenige Schwierigkeiten zu machen beziehungsweise zu haben. Dabei werden ihnen jedoch praktisch alle Begrenzungen, Ansichten und Vorstellungen der Eltern, Schule und Gesellschaft aufgezwungen, sodass als Resultat das Leben alles andere als ein Leichtes sein wird. Ob *dies* wirklich Liebe ist? Ob *das* den Kindern wohl vermittelt, wie unsäglich schön diese Welt ist? Ob sie *so* wohl noch mitbekommen können, dass es möglich ist, vollkommen frei und selbstbestimmt leben zu können? Tja, vermutlich gehen sie später einfach mehr oder weniger denselben Weg, wie alle anderen und versinken alsbald im Stress der Suche nach Glück, Geld, Anerkennung und Liebe... Ja, und eines Tages werden diese wunderbaren Geschöpfe - unsere Kinder - die so frei, neugierig und Abenteuerliebend waren, zu angepassten, pseudo-erwachsenen, besserwisserischen, ängstlichen und ums Überleben kämpfenden Geschöpfe, die ihr wesentliches, einziges Glück wieder in einer Ehe-Enge, genügend Geld und vielleicht - wenn's hoch kommt - in Ruhm und Ehre vermuten und suchen...

Aber ich sage: Diese wundervollen Kinderwesen haben etwas viel Besseres verdient, als bloß zu angepassten Menschenrobotern umfunktioniert zu werden! Sie sind auch nicht dazu da, (sich) selbst all jene Dinge zu erfüllen, welche wir ‚leider' für uns selbst nicht erreichen konnten. Sie sind eigenständige Wesen und sollten so wenigen begrenzenden Indoktrinationen wie nur irgend möglich ausgesetzt werden. Dann wird eine neue Menschheit, ein neues Mensch-Sein, eine neue Zeit, ein goldenes Zeitalter auf diesem Planeten wirklich wahr werden! So wie es jedoch gegenwärtig aussieht, wird dies sobald wohl nicht der Fall sein. Solange die Menschheit auf Ehe und Kleinfamilien gegründet ist, wird sie weiter leiden und sich weiterhin fragen, wie man das ändern könnte... und nach wie vor wird nichts Wesentliches geschehen. Wie viel Leid braucht es – meine lieben Geschwister – braucht es noch auf Erden, bis wir bemerken, dass es allerhöchste Zeit ist die alten Strukturen, Regeln, Religionen und Gesellschaftsformen zu verwandeln, um sie hinter uns zu lassen und in eine neue Form der wahren, freien Menschlichkeit, der neuen großen Familie, der Weltenfamilie überzuwechseln? Ich gehe gerne voran. Doch wenn jeder denkt: ‚Die anderen machen das schon.' – dann wird nie etwas daraus werden und die Vision einer harmonischen ‚Welt-Geschwisterschaft' wird weiterhin ein Wunschtraum bleiben, der *so* nie verwirklicht werden kann. Das einzige Mittel, welches dann noch greift, ist der totale Zusammenbruch der gegenwärtigen Strukturen in Wirtschaft, Familie und Gesellschaft. Dies wäre allerdings eine sehr unkomfortable Variante für die gesamte Menschheit. Noch ist Zeit genug, aber wir müssen im Kleinen handeln – und im Großen denken um all die Dinge noch abwenden zu können, welche bereits im Entstehen sind. Die Kinder sind unsere Zukunft! Wenn wir sie bloß gleichschalten, so wie wir sind, dann stehen die Aussichten genauso schlecht, wie für die Einsichten und wir werden blind in´s eigene, menschheitliche Verderben laufen.

Die Lösung

Ich mache hier nun keine Vorschläge wie wir das lösen können. Ich bitte Dich bloß, Dir darüber Gedanken zu machen und Dir zu überlegen, was *Du* zu einer erleuchteten Zivilisation beitragen kannst und willst. Was kannst Du in *Deinem* Leben, in *Deinem*

Erziehungsstil, an *Deiner* Lebensweise ändern? Ok?! – Dann tue es! Danke.

Die Trennung

Ein Wechselbad der Gefühle ist das schon, wenn man sich trennt, von dem, was einem am allerliebsten ist. Es ist nicht leicht, von jenem Menschen abgewiesen zu werden, mit dem man zusammensein möchte. Oft macht sich Verzweiflung breit, obwohl man weiß, dass man selber alles aufs Spiel setzte; ja, das Leben ist ein Spiel: das vergisst man in solchen Momenten gerne und schnell. Nur allzu gerne würde man alles rückgängig machen, alles ungeschehen machen und sogar zurück in den alten Zustand von Stagnation, Bitternis und Kritik, der jenem Zustand des Entbehrens nicht unähnlich ist. Zu sehen, dass es sowohl für sich selbst, wie auch für den anderen, für die andere das Beste ist, loszulassen – dazwischen vielleicht Kinder, welche als Band der Liebe weiterhin die Hoffnung auf eine Wiedervereinigung am Leben erhalten... Mehrere Herzen, welche fühlen – wissen – dass sie für einander geschaffen sind und dennoch ihre Form nicht finden können... eigenartig, ungewiss, seltsam schmerzhaft, verzweifelt und doch – vertrauensvoll. Vertrauensvoll in den Werdegang des Lebens, welches alles am Fließen und in Bewegung hält und wo Stillstand herrscht – es letztlich jeden zum ‚Weiterleben' zwingt. In solchen Momenten nicht festzuhalten, dem Schmerz nicht nachzugeben und dennoch weiterzugehen, das ist nicht leicht. Wie soll man damit umgehen, wenn man weiß, dass gerade jene Entscheidung die richtige für alle ist, die den meisten Schmerz ergibt? Wohin kann man seine Seele tragen, sie offenbaren und zur Ruhe kommen?

An welch´ kleinen Dingen selbst die größte Liebe zerbrechen kann... Nie gab es Zweifel in Bezug auf die Verwandtschaft der Seelen, doch unvollkommen und im Wachstum ist der Mensch und dadurch bereit zu leiden. Er weint im Leid eines ‚Sich-gegen-seine-eigene-Schöpfung-Auflehnens', zwingt sich selbst zu Wachstum und Entfaltung. Selbst dann, wenn es größtes Leid bedeutet. Welche Vision ‚Mensch-Sein' doch sein muss...?! Die Hoffnung nicht aufgeben, selbst wenn alles hoffnungslos scheint, im Vertrauen, dass die eigene Entfaltung alles wieder ins Reine bringt. Hoffen, dass dem Finden der eigenen Mitte, dem Zurückkehren zur eigenen Wahrheit, Integrität und Liebe, nichts mehr im Wege steht, was Sein soll. Ein Leben, das zum Ziel hat, fortan nicht mehr an Kleinigkeiten zu scheitern. Eine Liebe, die zum Ziel hat, nicht mehr an den Mangel zu glauben und eine gemeinsame Vision, welche nicht an Äußerlichkeiten zerbricht... Wie fern ist wohl dieses Ziel? Unabhängig vom Wollen und der Furcht des Einzelnen, sich nicht beirren zu lassen von dem, was ist, um zu dem zu werden, was man Sein könnte... Mittendrin im Wechselbad der Gefühle: alle Beteiligten. Unruhe und Stille zugleich, keiner kann ermessen, wo Anfang und Ende sind. Da ist Liebe, da ist Konkurrenz. Ablenkungen spielen zwischen Verwirklichung einer Liebe, Erfahrungen und Leidenschaft: menschlicher Geist von Neugier geleitet und nach Erfahrung hungernd, behindert durch mangelnde Großzügigkeit und Angst vor Verlust. Ein ewiges ‚Nein' im Kopf, welches doch nur das eine Ziel verfolgt: zum ‚Ja!' des Herzens zu werden. Verwirrt zwischen den Sphären weltlichen und geistigen Daseins. Ja, das klingt verwirrend und gegensätzlich. Dennoch, es ist die Wahrheit zerrissener Welten, die Realität gebrochener Herzen, die

Wirklichkeit des unermesslichen Kampfes zwischen Herz und Verstand. Wer diesen Zweifel nicht kennt, diesen Kampf der Giganten, der weiß nicht, wovon ich spreche und wer ihn kennt, der würde niemals einen Menschen verurteilen, dessen Fehler darin besteht, diese Herausforderung meistern zu wollen. Jeder Mensch wird ihn eines Tages ausfechten müssen – die einen früher, die anderen später. Keiner kommt um ihn herum. Auch die Treue muss wachsen, sie muss echt sein, einerlei ob zu sich selbst oder zu anderen. Idealerweise sollte es möglich sein, diesen Weg gemeinsam zu gehen. Jedoch muss ich zugeben, dass ich dies noch nirgends beobachten konnte. Alle ziehen es vor, zum bereits vorhandenen Schmerz, sich auch noch den Schmerz einer Trennung zuzufügen. Vielleicht deshalb, weil dadurch der Schmerz des Wachsens etwas abgedämpft wird... Doch wo sich Türen verschließen, kommt keiner mehr durch. Bleibt also nur zu hoffen, dass alle Beteiligten, sich im Fluss des Lebens, welcher reinstes Wachstum ist, langsam wieder öffnen können...

Andererseits ist oft diese absolute Unsicherheit notwendig um sich selbst begegnen zu können, das völlige ‚Allein-Sein' wichtig, um mit sich selbst in Einklang zu kommen. So, wie jeder Geburt ein Tod vorausgeht und nur jene wirklich zu leben verstehen, die gestorben sind. Denn erst, wer die Angst vor dem Tod überwunden hat, verliert auch die Angst vor dem Leben und somit davor, Fehler zu machen. Nur wer alles verloren hat, wer nichts mehr besitzt, lernt die Fülle kennen – den Überfluss – welchen ihm das Leben zu schenken vermag, wenn er bereit ist, diesen auch anzunehmen.

FREIHEIT ?

Eine etwas andere Betrachtungsweise...

Philosophie

Freiheit auf der einen, Begrenzung auf der anderen Seite, hier Licht, dort Finsternis, einerseits Mann, andererseits Frau, Yin und Yang. Jenseits davon: Freiheit. Freiheit liegt nicht, wie viele glauben, in der Verwirklichung einer Seite, sondern im Verwirklichen eines Zustandes jenseits von beidem. Durch die Verschmelzung beider Pole entsteht etwas Neues als ‚Steigerung': das höhere Dritte, die wahre, echte Freiheit jenseits von Gut und Böse, jenseits jeglicher Polarität. Es ist demnach ein Ding der Unmöglichkeit, Freiheit zu erlangen, solange im Bewusstsein Bewertung, Begrenzung und Trennung existiert. Einheit ist nicht das Resultat von Freiheit, sondern deren Voraussetzung!

Deshalb ist das Erlangen des Zustandes von Einheit, welcher tiefen inneren Frieden zur Folge hat, die Grundbedingung persönlicher Freiheit.

Freiheit ohne die Basis des inneren Friedens führt stets zu Materialismus, Intoleranz, Macht und Unterwerfung sowie persönlicher Unzufriedenheit. Wahre Freiheit kann nur einhergehen mit spirituellem Wachstum. Denn Freiheit fordert ein hohes Maß an persönlichem Verantwortungsgefühl, welches dem Missbrauch der daraus resultierenden persönlichen Macht vorbeugt. Freiheit war und ist stets eine Sache fortgeschrittener Geister. Wird sie unverantwortlichen Menschen vollumfänglich gewährt, entsteht eine Form von Anarchie, die keinem dient – ebenso, wie wenn sie fortgeschrittenen Menschen verwehrt wird.

Freiheit ist eine heikle Angelegenheit. Sie jedem zu gewähren würde, sich ebenso fatal auswirken, wie sie jedem zu verwehren. Freiheit ist ein schönes Ziel, aber sie erfordert, wie gesagt, die Bereitschaft und Kraft eigenen ganzheitlich-spirituellen Wachstums. Sie ist ein ‚zweischneidiges Schwert': gelangt es zu früh in ‚Kinderhände', kann viel Leid entstehen. Ich weiß, dass dies nicht gerne gehört wird, aber bei genauerem Betrachten wird es sehr schnell klar. Natürlich ist es jedem angenehm, wenn ihm Freiheit in Aussicht gestellt wird, vor allem unbewussten Menschen, weil sie sich über die tieferen Zusammenhänge nicht bewusst sind. Der Leserschaft meiner Ausführungen traue ich dies jedoch zu. Freiheit bedeutet Macht, und Macht bedingt ein hohes Maß an Integrität. Dieser persönlichen Integrität den obersten Platz einzuräumen, sollte unser höchstes Gebot sein. Wohlgemerkt, ich spreche hier nicht über die Freiheit im üblichen Sinne, wo es darum geht frei zu werden von Ängsten, Unsicherheiten, Mangel oder Unterdrückung, ich spreche hier von der ultimativen Freiheit und Befreiung Deines gesamten geistigen Potenzials. Dieses unterliegt keinerlei persönlichen Wünsche mehr, nicht einmal der Wunsch nach Freiheit, denn selbst diese ultimative Freiheit wird von allen, die sie jemals erlangen, eingetauscht in ein Leben im Dienste des Nächsten, im Dienste der Allgemeinheit, in einen Dienst zum Wohle des großen Ganzen. Insofern ist das *freiwillige* Sich-Begrenzen, das *freiwillige* Unfrei-Sein die größte Freiheit eines wahren Freigeistes, welcher echte Unabhängigkeit erlangt hat. Jesus ist lediglich ein Beispiel dafür. Jedes unbegrenzte Lichtwesen, welches sich auf irgendeinem Planeten, in irgendeiner Form manifestiert, begrenzt sich. Ansonsten wäre es nicht in der

Lage, aktiv an der Gestaltung und Umgestaltung des unsrigen oder anderer Planeten, teilzunehmen.

Alltag
Wie kannst Du frei sein, wenn Du Dein ganzes Leben lang, Tag für Tag alles dafür tust, Dich an Dinge zu binden, die Du allesamt nur ausgeliehen hast?

Du bist an alles gebunden, von dem Du bemerkst, dass Du es jetzt – in dem Moment – nicht hergeben kannst. Sei es ein geliebter Mensch, Partner oder Kind, Freund, Feind oder Dein Haustier. Seien es Dinge wie Geld, Wohlstand, Auto, Kleidung, Dein Haus oder was auch immer... Auch Deine Ideologien und Philosophien, Dein Glaube und Deine Vorstellungen vom Leben fesseln Dich in eine Welt, die unbedeutend ist. Ich sage nicht, dass Du diese Dinge in Deinem Leben nicht genießen sollst. Ich rate Dir bloß dazu, Dich nicht an sie zu binden. Wenn Du ihnen anhaftest, bist Du verloren. Dein Leben wird dann mehr oder weniger von Schmerz und Leid geprägt sein. Denn die meisten Tränen vergießt Du nicht wegen anderen oder wegen wirklich traurigen Begebenheiten, sondern wegen Dir selbst, wegen Deiner Verluste. Alles, woran Dich Deine Lust bindet, wird früher oder später zum Ver-Lust. Dies zeigt des Menschen Hang zum Leiden. Alle Gelüste, jede Gier nach etwas, alles wovon Du Dich jetzt nicht trennen magst, macht Dich abhängig und unfrei. Du bist ein Gefangener Deiner Wünsche und Ängste. Es hört sich im Moment vielleicht etwas eigenartig an, aber Du genießt das Leiden und Du bist nicht bereit, es herzugeben, weil Du an es gebunden bist. Kein anderer Mensch kann Dich jemals unfrei machen. Und keine Fesseln sind enger gebunden als diejenigen, die Du

Dir selbst umgelegt hast. In der Tat kannst Du immer frei sein, sogar im Gefängnis. Ja, selbst im tiefsten Verließ, bei Wasser und Brot, ist es möglich frei zu sein. Denn die Freiheit misst sich nicht an Raum- und Bewegungsfreiheit, auch wenn diese in der Welt immer ausgedehnter wird, sondern an innerem Ungebunden-Sein.

Des Menschen Lust zu reisen, entspringt innerer Gebundenheit, sie ist ein Versuch, sich frei zu fühlen. Doch alle kehren sie stets an den Ausgangspunkt ihrer Reisen zurück. Alle, denn sie nehmen all ihre Verhaftungen mit auf ihre Reisen. Alle bleiben sie Gebundene - selbst die Astronauten, egal wie weit sie von der Erde entfernt sind, ihr Bewusstsein bleibt nicht auf der Erde zurück. Alles, was Du gelernt hast, alles, was Du glaubst, alles, was Du weißt oder glaubst zu wissen, alle Deine Überzeugungen und Glaubensmuster, Meinungen und Bewertungen und Deine ganze Lust nach ‚Großartig-sein-wollen', alles das reist stets mit Dir mit. Ja, die ganze Welt reist mit, denn sie ist der Spiegel Deines Inneren und dieser wird Dir immer zeigen, wer Du in Wirklichkeit bist, wie Du denkst, was Du glaubst, was Deine Wünsche und Befürchtungen sind. Natürlich bist Du in Wirklichkeit nicht Dein Leben, nicht Deine Wünsche und nichts von alledem, was ich eben erwähnte, aber Du kommst nicht darüber hinaus, weil Du an diese Wirklichkeit - nennen wir sie der Einfachheit halber irdische Wirklichkeit - gefesselt bist. Freiheit misst sich an jenen Augenblicken, in denen Du Dich glücklich fühlst, ohne dass jemand bei Dir ist, ohne dass Du Dich an etwas Schönes erinnern musst, ohne dass Du etwas in Aussicht hast, an Momente, wo Du einfach wunschlos bist, wo Du nicht zu denken brauchst und wo Du weißt, dass Du eins mit Gott bist, ohne Vorstellungen. Die Vorstellung eins zu Sein mit Gott ist nicht das Eins-Sein selbst, genauso wenig wie der Gedanke an etwas das Ding selber ist. Es ist nicht dasselbe, ob Du Dir vorstellst verliebt zu sein, oder ob Du es wirklich bist, oder? Und deshalb sage ich, dass die Liebe Dich frei macht. Aber nicht die Liebe zu Dingen oder Menschen, nein: die Liebe zum Leben. Die Liebe zu allem, was das Leben Dir zu bieten hat, einerlei ob dies nun freudig oder traurig, schmeichelhaft oder schmerzlich ist. Das Leben beinhaltet Aufbau und Zerstörung. Liebe beides und Du bist frei. Ich sage nicht, dass Du zerstörerisch sein sollst und ich sage nicht, dass Du liebevoll sein sollst. Sei wie Du bist, das ist die Lösung. Dennoch: Ich möchte Dir zum besseren Verständnis noch einmal ins Gedächtnis rufen, wie wichtig und lebensnotwendig Zerstörung ist. Die Sonne zum Beispiel zerstört die Nacht, der Sommer zerstört die Frühjahrsknospen der Pflanzen, der Herbst die Blätter und der Winter die Früchte. Ununterbrochen ist Zerstörung und Tod am Wirken. Deine Zellen sterben millionenfach in jeder Minute, damit auf der Gegenseite Geburt und Leben stattfinden können. Es ist nicht Tod, sondern Transformation, was vor sich geht. Es ist die unermessliche Liebe Gottes, welche ständiges Werden ermöglicht. Nichts steht still, alles ändert sich und es ist gut so. Wehre Dich gegen dieses Naturgesetz und Du wirst leiden – liebe es und Du wirst staunen, ob der Großartigkeit und Vollkommenheit der Schöpfung, von der auch Du ein Teil bist. Wenn Du sie unterstützen möchtest, dann befreie Dich, sei frei und lebe Dein wahres Selbst, Dein wahres Sein. Bring es zum Ausdruck und erlebe Dich als Schöpfer, als Schöpferin – als Gott.

SEX UND SPIRIT

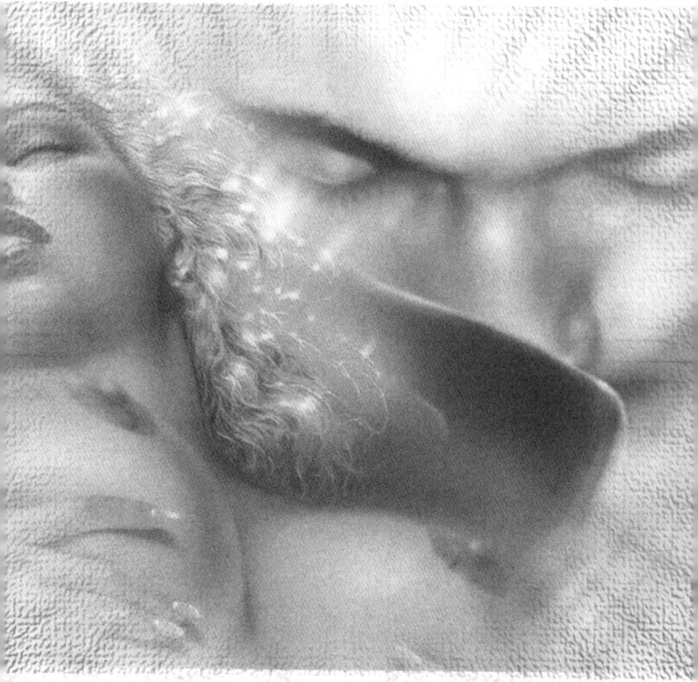

GEHT DAS ?

Tja, auch hier ist eine gewissermaßen revolutionäre Veränderung - eine Erneuerung - angesagt. Viele Lehrer grenzen dieses Thema - neben anderem - nach wie vor als Tabu-Thema gerne aus. Das hat natürlich seine guten Gründe... Aber ich wäre nicht ‚Bruno', wenn ich nicht auch diese Themen anschneiden würde. Nachdem uns Sexualität oft ziemlich unschmackhaft gemacht wurde - von Kirchen, Religionen und anderen Lehrern - versuche ich ein wenig Ordnung und ein paar neue, interessante Aspekte in diese Thematik einzubringen. Ich verzichte hier bewusst auf tiefgreifende Abhandlungen über Intimität, welche zwar von großer Bedeutung wären, wohl aber selbst schon ein Buch füllen würden. Man verzeihe mir also den ‚fehlenden Tiefgang' - es würde dem Rahmen dieses Handbuches nicht entsprechen.

Lange Jahre habe ich mich mit diesem Thema auseinander- respektive zusammengesetzt beziehungsweise - gelegt. ☺

Irgendwie beschlich mich bei meiner Art, Sexualität zu leben oftmals ein komisches Gefühl. Immer wieder fühlte ich mich irgendwie ‚schuldig', ‚schmutzig' oder auch ‚spirituell unterentwickelt'. Kennst Du das? Ich stellte fest, dass ich in keinem anderen Lebensbereich mit so vielen Begrenzungen und Bewertungen verknüpft war, wie in diesem. Ja, ich wollte einen spirituellen Weg gehen und ich wollte auch eine erfüllte Sexualität erleben. Aber irgendwie schien das nicht miteinander übereinstimmen zu wollen. Entweder hieß es: dies *oder* das, so *oder* so - das ist erlaubt und jenes nicht. Und keiner konnte mir schlüssig sagen und auch logisch begründen, weshalb; auch ich selbst - damals - noch nicht...

Welche Stellungen sind erlaubt?

Entschuldige bitte diese, meine diesbezügliche Direktheit. Aber das war eine der vielen Fragen, welche mich beschäftigten. Ich wollte wissen, in welcher Form ich Sex haben dürfte ohne schuldig zu werden. Überall, wo ich hinkam, schien es vor ‚Missionaren' nur so zu wimmeln. Diese Stellung – Missionarsstellung – verbunden mit einem ehelichen Trauschein und strikter Treue, war offenbar ‚erlaubt'. Jedoch befriedigte mich diese Ansicht nicht und ich suchte und forschte weiter. Eines Tages – ich war schon bald verzweifelt darob, dass die körperliche Liebe scheinbar etwas von Gott Unerwünschtes sei – hatte ich eine Vision. Diese Begebenheit beantwortete meine Fragen und endlich konnte ich auch in diesem Bereich entspannen, leben. Plötzlich war es nicht mehr nötig, während des Aktes körperlicher Liebe die ‚geistig-moralischen Vorhänge zuzuziehen'. Welch´ eine Erleichterung! Gott selbst antwortete mir. Ich will Dir die Antwort so übersetzen, als hättest Du mich das Folgende gefragt: „Welche Stellungen und Praktiken sind in der Sexualität eigentlich erlaubt?" Meine Antwort: „Schau, wir sind immer zu dritt – denn Gott ist immer mit von der Partie. Das kannst Du einfach glauben, wissen. Und alles, was Du im Wissen darum, dass Gott zwischen Dir und Deinem Sexualpartner liegt und das verbindende Element darstellt, tun kannst – in innerer Stimmigkeit – das ist auch in Ordnung. Es gibt keine äußeren, allgemeingültigen Richtlinien oder gar Gesetze. Du selbst musst – darfst – es entscheiden. Für Gott ist alles in Ordnung, bei dem Du Dich innerlich wohl fühlst." Aha. Ich darf also selbst entscheiden. Ich darf in mich hineinfühlen und alles tun, was ich will, solange mein Herz sein Einverständnis dazu gibt?! Wunderbar!

Und wie ist das nun mit der ‚Treue'? Genau gleich: So lange Du *Dir selbst* treu bist, besteht keine Verwirrung, keine Gefahr. Und wie steht es mit anderen Dingen wie zum Beispiel: Gruppensex, gleichgeschlechtliche Liebe, Selbstbefriedigung? Ebenso! Aha.

Ja, den rechten Umgang mit diesen Dingen kann man nicht lehren. Dafür gibt´s keine Anleitung. Aber diese entspannende Sichtweise kann ich Dir übergeben. Alles Weitere wird sich dann von selbst einstellen. Du wirst *Deinen* Weg, *Deine* Moral, *Deine* Reinheit und somit *Deine* Erfüllung darin wieder finden. Menschen sind unterschiedlich; alle müssen - dürfen! - ihren eigenen Weg gehen. Am Ziel angekommen werden alle Unterschiede verschwunden sein. Aber dieses Ziel vorzuformulieren - ist kontraproduktiv. Jeder Mensch würde wohl dazu neigen sich dann danach zu orientieren und versuchen, lange bevor er soweit ‚gewachsen' ist, schon so zu leben. So würde er vorgeben - auch vor sich selbst - schon am Ziel zu sein, obwohl der Weg noch nicht zurückgelegt ist. Dies ist es auch, worauf schon Jesus im Gleichnis hinwies: „Nein! Auf dass ihr nicht zugleich den Weizen mit ausraufet, so ihr das Unkraut ausjätet. Lasset beides miteinander wachsen bis zur Ernte." *(Matt 13/28f)*. Alles andere - meine Freunde - führt auf dem ‚Weg des Lebens' doch nur zur Unterdrückung - der eigenen Bedürfnisse, der eigenen Forscherlust, des Lebens selbst... - und endet in Frustration, Perversion, Zerstörung... Tu das Dir - und Deinen geliebten Menschen - bitte nicht an. Versuche kein ‚guter' Mensch zu sein, sei ein ehrlicher, authentischer Mensch - auf Deinem selbstbestimmten Herzensweg: ‚Weg, Wahrheit, Leben...' Dann, wirst Du niemals etwas zu bereuen haben - auch in Deiner Sexualität nicht.

WANN SIND HEILMITTEL

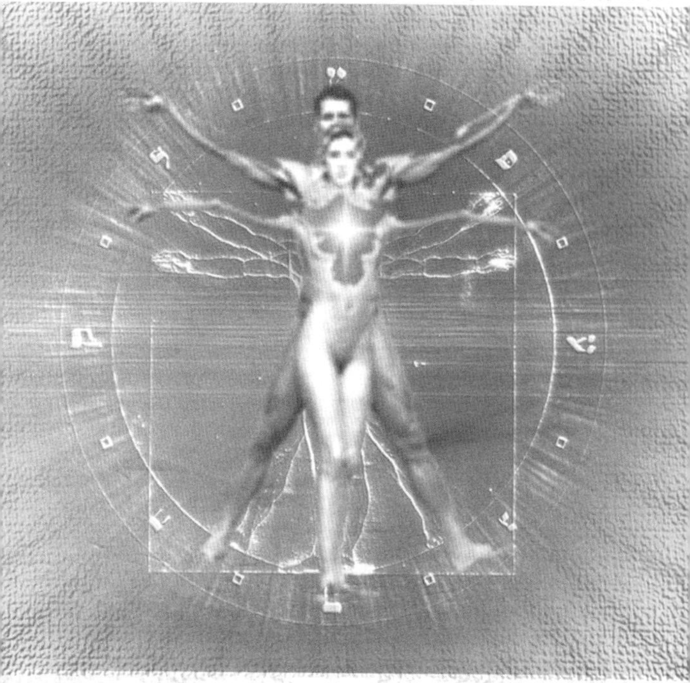

SINNVOLL?

Wo muss angesetzt werden um gesund zu werden oder zu bleiben?

Wenn heute noch jemand glaubt, dass durch ein Medikament allein oder ein natürliches Heilmittel tatsächlich Heilung eintreten könnte, lebt vermutlich nicht nur hinter dem Mond, sondern eher hinter unserer Galaxie. Ja ich weiß, schon wieder beginnt meine Ausführung äußerst provokant, aber ich denke, dass es langsam an der Zeit ist, gewisse Dinge und Zusammenhänge unmissverständlich aufzuzeigen und es lohnt sich bestimmt, diesen Artikel aufmerksam bis zum Ende zu lesen. Zumindest für jene, die an echter Heilung interessiert sind. Auch wenn es meiner Auffassung nach meist angebrachter ist, ein natürliches Heilmittel, eine natürliche, wenn möglich biologische Nahrungsergänzung zu sich zu nehmen, als reine Chemie – für diese Betrachtung ist es unwesentlich, ob es sich um allopathische Medikamente (Chemie) oder Naturheilmittel, Homöopathie oder rein energetische Mittel handelt. Denn, untersuchen wir die dahinter verborgenen Gedankenstrukturen, dann fällt deutlich und unmissverständlich eines auf: Die Patienten, einerlei ob chemisch oder natürlich orientiert, handeln nach demselben Muster. Und solange im Hintergrund die Überzeugung steht: ‚Ohne Mittel schaffe ich es nicht... ich brauche etwas von außen um heil oder gesund zu werden!', verunmöglichen wir selbst den besten Mitteln, sich voll und ganz in uns zu entfalten. Krankheit basiert ja bekanntermaßen immer auf irgendeinem seelischen Ungleichgewicht – innere Disharmonie äußert sich oft in körperlichen Symptomen. Um eine nachhaltige Heilung zu erzielen ist deshalb die eigene Mitarbeit des Patienten unabdingbar. Entsprechende Nahrungsaufnahme, entsprechende Nahrungsergänzungen oder

Heilmittel wie auch Handauflegen usw. eignen sich hervorragend als Begleitung dieser wohl anstehenden inneren Wandlung, welche da offenbar angesagt ist. Sie sind aber nicht als Ersatz für innere Veränderungen tauglich. Dies sollte nicht durcheinander gebracht werden. Als Begleitmaßnahmen sind äußerliche Unterstützungen bestimmt sehr geeignet und höchst empfehlenswert, aber man sollte wissen, dass die innere Arbeit deswegen nicht vernachlässigt oder gar durch sie ersetzt werden kann.

Ich vergleiche den Menschen mit einem Computer...

Ja, als Analogie zur Verdeutlichung trifft´s das ziemlich gut. Anhand eines solchen Vergleichs sieht man, wie der Mensch ‚funktioniert'. Schließlich sind ja Computer auch nicht einfach so, so wie sie sind, sie wurden ja von Menschen erschaffen und tragen deshalb das gesamte menschliche Signum in sich. Und genau wie Computer, kann der Mensch nur das, was an installierten Programmen eingegeben wurde. Und so hilft es auch nicht wirklich, eine ‚falsche' Anzeige auf dem Bildschirm einfach mit dem oberflächlichen ‚Heilmittel': ‚Delete' *(engl.: streichen/tilgen/löschen)* zu behandeln ohne gleichzeitig auch auf tieferer, programmlicher Ebene, etwas zu verändern. Spätestens beim nächsten Neustart werden die alten Probleme am Bildschirm wieder auftauchen. Körperlich gesehen: Spätestens nach dem Tod, werden dieselben Probleme erneut erscheinen. Wenn der Mensch auf seinem ‚Desktop' – auf seinem ‚Bildschirm' – gewisse Programmfehler verändern möchte, sollte er diese zu allererst in den Einstellungen auf Programmebene korrigieren um danach – selbstverständlich – auch auf der Oberfläche alles in Ordnung zu bringen. Wenn ein Mensch so vorgehen würde, dann würde ich von Heilung sprechen. So lange aber das Programm bleibt, wie es ist, sehe ich selbst für die besten Medikamente, Heilmittel oder Heiler keine Erfolgschance.

Wie gelangen denn eigentlich sogenannte Computerviren in einen Computer?

Ganz einfach: durch eine Lücke im Betriebssystem oder in einem anderen wesentlichen Programm. Und auch hier nützt es herzlich wenig - längerfristig beziehungsweise unter dem Aspekt der Nachhaltigkeit betrachtet - wenn man nun hingeht und einfach den Virus löscht um danach so zu tun als wäre er (der Computer) wieder in Ordnung. Man sollte doch wenigstens klug genug sein und den Programmfehler - die Lücke - welche ja erst die Basis für einen Vireneintritt schafft, beheben. Im technischen Computerbereich sind die meisten Menschen heute bereits wesentlich informierter als in Bezug auf körperliche Krankheiten! Da scheint es jedem ohne weiteres einzuleuchten, dass es ansonsten nur eine Frage der Zeit ist, bis der nächste ‚Bösewicht' einträfe. Genau dasselbe gilt aber auch bezüglich des Körpers, wo auch immer wieder ein neues Symptom auftreten wird, wenn nicht die ‚Programme' ständig verbessert werden! Ja, es gibt ‚Programme', die auf tiefen (zunächst meist unbewussten) Ebenen arbeiten, solche auf mittleren Ebenen und einige, welche bloß auf der äußersten, oberflächlichen Ebene wirken...

Die tieferen Programme dieses unseres Bewusstseins können nur wir selbst verändern, weil sie alle mit einem einbruchsicheren ‚Geheimcode' versehen sind. Er heißt: ‚Freier Wille' und dann folgt Dein ‚Seelencode'. Dort kann also niemand anders als nur Du selbst Zugang bekommen - selbst der größte Wunderheiler oder das beste Medikament nicht! Ja, dort kann man nicht einmal mehr operieren, selbst wenn zum Beispiel der Blinddarm herausgeschnitten wurde, treten bald andere Symptome auf... Nur leider bringen sie dann die wenigsten miteinander in Verbindung...

Heilmittel sind also dann sinnvoll...

...wenn man darüber hinaus nicht vergisst, auch auf den tieferen Ebenen zu arbeiten und die Fehler im eigenen Verhaltensprogramm und in den eigenen Denkmustern zu beheben. Ansonsten dienen alle - einerlei ob natürlich oder nicht - hauptsächlich der Symptombekämpfung. Selbstverständlich ist es auch erlaubt, Symptombekämpfung zu betreiben.

In diesem Fall jedoch würde es zumindest Sinn machen, sich nur das Allerfeinste zu gönnen, damit nicht mehr dabei kaputt geht, als wieder gutgemacht werden kann. Bei den chemischen Mitteln gibt es nämlich des Öfteren ein ‚kleines Problem': Sie beheben einerseits gut gewisse Symptome, verursachen jedoch gleichzeitig und vorerst unbemerkt Schäden in tieferliegenden Ebenen. Doch selbst sehr starke chemische Eingriffe mit Antibiotika oder Kortison usw. - welche bekanntlich gravierende Nebenwirkungen aufweisen - können in ihrer Schädlichkeit durch Integrieren des der Krankheit zugrunde liegenden Problems neutralisiert werden. Medikamente sollten eigentlich nicht an unbewusste Menschen abgegeben werden, da sie den Menschen oft zu schnell die Symptome wegnehmen und sie dann gar nicht erst auf die Idee kommen, tiefer zu schauen.

Das beste Heilmittel...

...ist immer noch eine gesunde Ernährung, tiefes Atmen sowie eine aufrichtige und ehrliche Lebensweise! Auch das Lebenstempo spielt eine Rolle, es sollte immer individuell - je nach Mensch eben - angepasst sein. Es macht leider überhaupt keinen Sinn, alle Menschen in dasselbe Raster, in dieselbe Matrix zu pressen, so nach dem Motto ‚nine-to-five' (9:00–17:00).

Bei Frauen ist das ja meist noch extremer, sie sind ja im Dauereinsatz von 07:00 - 23:00 Uhr und danach erst beginnt ihre Freizeit... Ein Leben zu leben, in dem es nur noch ums nackte Überleben geht, das macht doch früher oder später jede(n) krank oder? Doch auch hier liegt das eigentliche Problem nicht im vielen Arbeiten und ist auch nicht mit weniger arbeiten zu lösen, sondern es liegt darin, dass herauszufinden ist, weshalb sich das überhaupt jemand antut. Die tieferliegenden Programme, die da sagen, dass es nicht anders möglich ist, die tieferliegenden Programme der Angst, müssten da eigentlich untersucht und korrigiert werden... Oder das tieferliegende Gefühl sich bestätigen zu müssen. Woher kommen denn alle diese Programme? Was liegt denen zugrunde? Dort unten, im sogenannten ‚Bios' (Griech: Leben) des Computers, liegen die eigentlichen Ursachen! Und diese sind ganz oft immer dieselben Fehlprogrammierungen, die da lauten: ‚Ich bin nicht gut genug...' ‚Ich bin nicht liebenswert...' ‚Ich schaffe es nicht...' ‚Ich habe es nicht verdient...' ‚Es ist nicht so einfach...' ‚Das Leben ist hart und schwer...' ‚Ohne Fleiß kein Preis...' ‚Das ist eben mein Schicksal...' ‚Das ist mein Karma...' ‚Das Leben ist nun ´mal so...' usw. Solche Prägungen, die wir einst aus bestimmten Gründen vorgenommen oder zugelassen haben, gehören gelöscht. Und dies kann weder ein Heilmittel noch ein Heiler noch sonst jemand für uns machen, das kann nur ein jeder selbst, weil nur Du selbst zu diesen tiefen, mit Passwort geschützten Ebenen, Zugang hast. Andere können Dich zwar begleiten, Dir Tipps und Hinweise geben oder Dir beibringen, wie so etwas genau zu bewerkstelligen ist. Aber tun musst Du es selbst. Und dann, ja dann gibt es viele, sehr hilfreiche Ergänzungen in vielen verschiedenen Bereichen wie Nahrungsergänzungen, Medikamente, Globuli, Tröpfchen, Steine, Essenzen, Symbole etc.

Die beste Ernährung

Es ist nicht sinnvoll hier eine bestimmte Ernährungsweise zu propagieren, denn auch dies ist eine sehr individuelle Angelegenheit und diesbezügliche Meinungsverschiedenheiten führen nicht selten zu aufgeregten Diskussionen mit krankmachendem Ausgang. Gewisse Richtlinien kann ich natürlich geben, doch diese kennt eh schon jeder: möglichst viel naturbelassene Nahrung essen. So, das wär's aber auch schon. Wie bitte? Du möchtest wissen, wie ich mich ernähre? Na gut, aber bitte interpretiere das nicht so, zu denken, dies sei das einzig Richtige. Einzig richtig ist es, wenn man stets auf sein Gefühl hört, was, wann und wie man essen soll. Bestimmt bedeutet das nicht, dass man nach einer Diät, dem Menüplan einer Kantine oder nach der Uhrzeit isst! Ich esse hauptsächlich Salat und Früchte. Auswärts am liebsten Pizza und ich esse weder Fleisch, noch Fisch noch sonst etwas was Augen hat. Grundsätzlich kannst Du davon ausgehen, dass alles, was Du mit Deinen eigenen Händen auf Deinen Teller bringen könntest, von ‚A-Z', für Dich als Nahrung geeignet ist. Ich weiß, dass es für viele ein Problem darstellen kann, nicht genau zu definieren, was man jetzt essen soll / darf oder was nicht. Aber da jeder Mensch ein Individuum ist, sollte er auch genau so individuell, genau so ist individuell leben und umgehen mit allem, was er / sie macht oder tut. Ja – und um es nicht zu vergessen – ich nehme auch selbst die Spirulina-Tabletten, welche wir in unserem Shop verkaufen. Über dieses Produkt und andere kannst Du Dich, wenn Du willst, auf unserer Homepage oder im Online-Shop informieren. (www.bt-visiontrade.com) Aber das heißt nicht, dass es nicht auch ohne sie ginge. Ich nehme sie bewusstseinsmäßig als grobstoffliches, essbares Sonnenlicht zu mir, zur Unterstützung von Körper, Seele und Geist. Aber auch das ist individuell und ein jeder muss selber spüren, ob es für ihn auch das Richtige ist.

Die besten Aussichten...

...haben all jene unter uns, die bereit sind aufrichtig und ehrlich zu leben. Die Mutigen also, welche sich selbst im Leben treu bleiben und sich dennoch nicht zu schade dafür sind, sich zu verändern. Jene, die offen und verletzlich sind für den Fluss des Lebens.

Heilung muss also weitaus tiefer stattfinden, tiefer als es selbst die gewöhnlichen Esoteriker wahrhaben wollen oder können. Je tiefer Du gehst, umso nachhaltiger wird auch das Resultat sein. Es kommt hier einmal mehr nicht auf die Geschwindigkeit an, sondern auf die Qualität der Heilung.

Die abschließende, allerbeste Nachricht ist jedenfalls die, dass es demnach so etwas wie unheilbare Krankheiten nicht gibt, höchstens unheilbare Patienten.

ES IST, WIE ES IST

Wahre Bescheidenheit drückt sich durch folgende Erkenntnis aus: ‚Es ist, wie es ist.'

Gleichsam öffnet diese Bewusstseinshaltung die Tore zur Erleuchtung oder zumindest zu einem Leben in glücklicher Gelassenheit und tiefem inneren Frieden.

‚Es ist, wie es ist.' sollte jedoch nicht missverstanden werden. Es bedeutet nicht, es ist egal wie es ist oder mir ist es einerlei, sondern: wertneutral. Nicht wertlos, neutral! Es ist, wie es ist.

Du magst einen Baum betrachten und Dich dabei fragen: ‚Wie heißt dieser Baum?' ‚Wie alt mag er wohl sein?' ‚Ist er gesund oder muss er demnächst abgeholzt werden?' ‚Steht er auch am richtigen Platz?' ‚Wer den wohl gepflanzt hat?' ‚Gefällt er mir oder gefällt er mir nicht so?'. Fragen über Fragen...

Ich betrachte den Baum und nehme ihn so wahr, wie er ist. Keine Fragen, keine Antworten. Keine Spekulationen, keine Überlegungen und keine Bewertungen. Ich denke auch nicht über den Sinn des Baumes nach. Er ist, wie er ist. Dasselbe gilt für Menschen, Gegenstände und auch Situationen. Sie sind, was sie sind.

Ja, Du hast natürlich Recht, ich kann Dir möglicherweise nicht erklären, was es genau ist, wie es funktioniert oder wie es heißt, aber ich kann fühlen, was es in Wirklichkeit ist. Es mag vielleicht auch gar keine Worte geben; andererseits besteht dadurch auch keinerlei Trennung zwischen mir und dem Außen. Da sich mir keinerlei Fragen stellen, die zu beantworten ich gezwungen wäre – denn es ist in der Tat ein Zwang ständig Antworten für alles finden zu müssen – befinde ich mich in der bevorzugten Lage, alles einfach zu genießen, ohne Wenn und Aber. Die Dinge beginnen in mir zu leben. Ich interpretiere sie dann nicht, sondern erlebe sie als das, was sie sind: Ich bin der Baum. Mit Situationen und Menschen ist es dasselbe, ich brauche mich dann nicht mehr fragen: ‚Was hat das mit mir zu tun?' Ich fühle es unmittelbar. In diesem Bewusstseinszustand entsteht so etwas wie ein unmittelbares, unzweifelhaftes, direktes Wissen. Kein Wissen, mit dem man prahlen könnte, da es sich wie gesagt jenseits der Worte, jenseits der Erklärbarkeit befindet, aber ein Wissen, welches einen mit Weisheit durchdringt.

Auf dieser Suche nach Weisheit gilt es also nicht alles wissen zu wollen, sondern alles als das erleben zu wollen, was es ist – jenseits der Interpretationen eines Verstandes. Wenn Du versuchst, Weisheit über Wissen zu erlangen, dann hast Du einen weiten Weg vor Dir. Denn erst, wenn Du alles wüsstest, würde sie sich einstellen. Und da der Verstand immer begrenzt ist, würde auch Deine Weisheit begrenzt, beschränkt sein. Je wissenschaftlicher, je analytischer, je objektiver und fundamentaler die Erklärungen gewisser Dinge sind, desto begrenzter sind sie. Ich weiß, dass es bisweilen wirklich nicht so erscheint, aber das staunende Kind, welches zum Beispiel ein Stück herumliegendes Holz bestaunt und untersucht, vermag mehr Wesentliches daran und davon zu erfassen, als etwa ein Wissenschaftler, welcher seine Zusammensetzung analysiert. Der Wissenschaftler kennt dann vielleicht die Funktionsweise gewisser Dinge und Abläufe, ihre physikalischen Zusammenhänge und den möglichen ‚Sinn', aber er erfasst nicht das Sein der Dinge. Beim Kind, dem unwissenden Geschöpf, dem Tier oder dem Meister, verläuft es genau umgekehrt. Und wenn man einmal die Dinge, Menschen oder auch Situationen in ihrem tiefen Sein erfasst hat, erübrigen sich die Fragereien, welche eh nur zur Unterhaltung unseres Verstandes dienen.

Lerne doch einfach wieder bescheiden zu sein, Deinen Verstand bescheiden zu halten. Dann werden alle Übungen zum Herstellen Deiner inneren Ruhe hinfällig. Der Verstand ist ein ‚Tier', er ist *nicht* Du! Er ist Dir bloß anvertraut, um bestimmte Aufgaben des Lebens zu bewältigen, lass ihn dies tun, aber erlaube ihm nicht, sich überall einzumischen und sich letzten Endes sogar als Du selbst auszugeben. Du bist der Halter, die Halterin dieses Tieres, er ist Dein persönliches ‚Haustier'. Du musst es führen. Zügle es, benütze es, aber lass Dich nicht von ihm nötigen! Du bist der Meister, Du bestimmst, Du entscheidest!

Und es ist hinlänglich erforscht und bewiesen, dass die Menschen nicht mit dem Verstand entscheiden, sondern mit dem Gefühl. Du weißt es selbst: Jedes Mal wenn eine Entscheidung fällig war und du sie auch getroffen hast, endete es in einem Desaster, wenn sie nicht mit Deinem Gefühl in Übereinstimmung war. Stimmt's?! Man weiß das von der Werbung: Die Leute kaufen nicht ein Auto, ein Kleid oder ein Genussmittel, sondern die damit in Verbindung gebrachten Gefühle wie Erfolg, Freiheit, Begehrtheit oder Zufriedenheit usw... Würden die Werbefachleute Dir erlauben, die Dinge so zu sehen, wie sie sind, dann müssten sie augenblicklich auf ganz andere Produkte umsteigen, um nicht zu verarmen... Es macht deshalb vermutlich auch mehr Sinn, die Menschen zu lehren, die Dinge so wahrzunehmen, wie sie wirklich sind, als ihnen diese wertvollen Güter zu vermiesen. Dadurch entsteht ein verändertes Konsumverhalten von innen her und der wirtschaftliche Trend würde automatisch auf umweltverträglichere Produkte hinzielen. Auch Weltfrieden würde sich auf ganz natürliche Weise, ohne Gegengewalt, einstellen.

Dies ist der Ansatz meines Wirkens. Möglicherweise wird es so ein wenig länger dauern bis sich die Dinge verändern, aber wenn sie sich verändern, dann auf jeden Fall beständig und nicht als Folge weiterer Indoktrinationen.

Ich betrachte Freiheit als das höchste Gut und Anrecht des Menschen. Freiheit birgt in sich Liebe, Respekt, Vertrauen und Verantwortung - genauso wie Toleranz, Offenheit und Ehrlichkeit. Lebst Du erst einmal in bewusstseinsmäßiger Freiheit, wirst Du alles und alle so belassen können, wie es ist oder wie sie sind. Ja: Es ist, was es ist. Oder, anders gesagt: Ich bin, der ich bin.

Sei wie Du bist und - es ist, wie es ist. Versuche so zu sein, wie Du glaubst sein zu müssen und nichts wird mehr so sein, wie es sein sollte.

DIE VERIRRTE MENSCHHEIT

We all are Angels

Das Auftauchen eines Engels...
Wir leben in einer lauten und rücksichtslosen Welt... und manchmal verirrt man sich. Man verliert den Blick für die schönen Dinge und das Gefühl für die richtigen Werte. Du kennst das bestimmt aus Deinem Leben oder zumindest aus dem Leben eines guten Freundes. Ja, wir leben in einer verrückten, hektischen Zeit in der nur noch Geld, Erfolg und Ruhm zu zählen scheinen. Die Zeit ist uns ‚abhanden' gekommen und wir müssen schmerzlich feststellen, dass sie nicht durch das Anhalten der Uhr zurückgewonnen werden kann. Die Menschen des 21. Jahrhunderts haben sich aber nicht nur verirrt, sondern sie haben sich auch verwirrt. Kaum einer weiß noch, was richtig und falsch ist. Ihre Ziele sind verschwunden, ihre Visionen noch nicht einmal aufgetaucht und der Weg verschwommen. Das Leben ist für die meisten, zum Überlebenskampf geworden. Und irgendwann kommt der Zeitpunkt, an dem Du Dir gewahr wirst, dass es so nicht weitergehen kann.

Dann schickt uns der Himmel manchmal einen Menschen, der uns wieder zum wahren Leben erweckt. Du denkst jetzt möglicherweise an Liebe, an Verliebtsein oder ähnliches... aber das ist es nicht. Denn sobald die Liebe zu so einem Menschen verblasst, kehrt das verschwommene Gefühl der Orientierungslosigkeit in noch deutlicherer Weise zurück. Solch ein Mensch, den Dir der Himmel in derartigen Zeiten schickt, ist ein Mensch mit einer Vision. Damals, als Du noch ein Kind warst, hattest Du - tief in Dir schlummernd - eine Vision. Sie ging jedoch in Folge von Erziehung und Anpassung an eine Gesellschaft oder imaginäre Gemeinschaft von Familie, Nation oder Religion, verloren. Du bist ein gutes Mitglied der

Gesellschaft geworden, ein guter Soldat... aber Du weißt nicht mehr wofür Du lebst und wofür es sich lohnt zu kämpfen. Der heutige Mensch funktioniert, einem Roboter oder Sklaven gleich. Doch leben, leben tut er nicht mehr, er vegetiert...

Wie gesagt: Manchmal taucht ganz unvermittelt ein Visionär, ein freier Geist, ein Free Spirit auf und versetzt Dein Herz in Resonanz. Er klopft an Deine Herzenstüre und spricht mit eindrücklicher Klarheit direkt zu Deiner Seele. Dies ist der Augenblick, an dem Erwachen sich vorbereitet um stattfinden zu können - sofern Du es willst und es zulässt. Es sind die ‚Rufer-in-der-Wüste'; sie rufen nicht nach einem längst verstorbenen Propheten, Weisen oder Religionsstifter, nein... sie rufen Deinen Namen. Das Universum kennt Dich beim Namen und es wird Dich, früher oder später, überall finden, wo auch immer Du Dich aufhältst. Einerlei, in welcher Situation Du Dich gerade befindest, hiermit bist Du aufgerufen! Aufgerufen, der Stimme Deines Herzens zu lauschen und auf Deinem Weg umzuschwenken, zurückzukehren auf den Pfad der Liebe. Der Weg Deines Herzens breitet sich vor Dir aus. Du bist aufgerufen, den ersten Schritt zu tun. Der Weg Deines Herzens führt direkt zur Quelle. Und die Quelle, der Ursprung Deines Seins ist es, welcher Deiner Seele über die Jahrhunderte hinweg die Sehnsucht schenkte, einen Heimweg zu suchen. Manchmal sind die Menschen im Laufe ihrer Reise durch die Zeitalter dermaßen verwirrt, dass sie selbst einem Engel die Türe weisen. Das ist in Ordnung, er wird Dir nicht böse sein. Er wird ganz einfach den nächsten Zeitpunkt abwarten um Dir sein Angebot erneut zu unterbreiten. Er hat es nicht eilig, denn er liebt Dich. Jedoch liebt er Dich nicht aus persönlichen Gründen, sondern, weil Du Teil der göttlichen Vision bist, die er in sich trägt und für die er alles in Kauf zu nehmen bereit ist.

Vom magischen Energiedrittel bis zur Erleuchtung

Hier möchte ich Dir eine meiner hypothetischen Energierechnungen vorstellen. Gehen wir ´mal davon aus, dass je ein Drittel Deiner Lebensenergie für Körper, Seele und Geist gedacht sind und gehen wir weiters davon aus, dass Körper, Seele und Geist mit Vergangenheit, Gegenwart und Zukunft verknüpft sind. Was hat das nun mit dem Thema (Verirrte Menschheit) zu tun? Ganz einfach: Wann verirrt man sich eigentlich? Man verirrt sich, wenn man nicht mit seiner gesamten Aufmerksamkeit da ist, wo man ist. Wenn ein Mensch hauptsächlich mit seinen Gedanken in der Vergangenheit weilt oder sich in der Zukunft befindet, so hat er bereits zwei Drittel seiner Energie verloren. Diese Energie geht also ‚fremd'. Ja, alles was nicht Hier und Jetzt ist, ist fremd! Und wenn der Mensch nun durch eine unverarbeitete Erfahrung auf die Vergangenheit fixiert ist, wird dadurch fast das gesamte restliche Drittel an Lebensenergie absorbiert. Ich setze übrigens Lebensenergie und Aufmerksamkeit gleich. Verirrt haben sich die Menschen des-halb, weil sie durch Ihr unbewusstes energetisches Verhalten mit einem nur noch verschwindend kleinen Aufmerksamkeitsrest von lediglich 10 % e (e = Energie) die Gegenwart in Besitz nehmen. Faktisch: eine Unmöglichkeit. Da ist es nicht verwunderlich, dass so mancher den Weg aus den Augen verliert. Aus den Augen verlieren heißt: Aus seiner Kontrolle verloren zu haben. Ja, der Mensch hat seine Kontrolle in vielerlei Hinsicht schon seit langem verloren. Er irrt umher wie ein Stück Treibholz. Die Wellen des Lebens werfen ihn an so manchen Stein, der Wind des Lebens wirbelt ihn ziellos herum und am Ende fragt er sich, was denn das Ganze nun eigentlich soll...?

Das ist eine berechtigte Frage. Aber sie stellt sich bloß dann, wenn man nicht achtsam und gegenwärtig gelebt hat. Dass sich diese Frage fast die gesamte Menschheit am Ende jedes Erdenlebens stellt, ist ein deutliches Zeichen dafür, dass sie auch fast alle ihre wertvolle Gegenwart für eine sinnlose Vergangenheit oder Zukunft geopfert haben. Sie haben entweder gehofft oder getrauert - aber haben versäumt, zu leben. Die wahre Magie meiner Worte ist, dass ich versuche, Deine gesamte Energie wieder auf den Augenblick zu fokussieren. Wenn mir, Dir, uns das gelingt, wirst Du in einen kaum für möglich gehaltenen Bewusstseinszustand überwechseln. Transformation geschieht... ‚back to the present', ‚back to the presence', zurück zur Gegenwart oder eben, wie ich es lieber sage: „Zurück zur Gegenwärtigkeit" -dem wahren Geschenk! Leben findet ausschließlich hier statt, nicht gestern und auch nicht morgen. Nur: hier und jetzt. Erleuchtung ist nichts weiter, als das vollkommene Gegenwärtig-Sein innerhalb dieses Augenblickes! Deshalb sage nicht nur ich, dass Dein Ziel weitaus näher liegt, als Du es vermutest...

Die Engel sind näher als Du denkst...

Tja, das stimmt. Es mag sein, dass Du nun denkst ich überschätze mich. Aber das tue ich bestimmt nicht. Im Gegenteil, was Du in Wirklichkeit tust ist, dass Du Dich selbst außerordentlich unterschätzt! Denn so wie ich für Dich solch´ ein Engel sein könnte, bist Du es auch für mich. Es liegt nicht an Dir, ob Du ein Engel bist oder nicht, sondern an meiner Wahrnehmung dessen, was Du zu mir sagst, was Du tust oder was Du in mir auslöst, wenn ich bloß aufmerksam genug bin. So sehe ich jenseits der Betrachtung, dass diese Welt von verirrten Menschen nur so wimmelt, diese auch als umgeben, begleitet und beschützt durch unzählige Engel in Menschengestalt. Ja, wir können alle für einander Engel sein... Selbst dann, wenn wir für uns selbst oder für unsere Lieben keine zu sein scheinen... Nur eines ist unmöglich: Jemandem den Weg zu weisen, oder ihn zu begleiten, wenn man sich selbst verirrt hat. Um Dich selbst wiederzufinden, Deine Orientierung wiederzuerlangen, musst Du wieder zu jener Gegenwärtigkeit zurückfinden, welche Du hattest, als Du geboren wurdest. Kinder, vor allem Kleinkinder, sind absolut augenblicklich, achtsam und gegenwärtig. Wohl können sie ihren Körper noch nicht in dem Maße beherrschen, wie Du es kannst, aber ihre Energie, ihre Aufmerksamkeit beherrschen sie so meisterhaft, wie das keinem Erwachsenen gelingt; es sei denn, er oder sie hat Erleuchtung erfahren. Erleuchtung in dem Sinne, dass alles was er oder sie Ist, War und Sein wird, auf einen einzigen Brennpunkt gerichtet ist: das Hier und Jetzt. Das ist das Geheimnis. Ich nenne es: Das Geheimnis des Augenblicks. Es lässt alles andere verblassen und führt Dich zurück zu dem, was Du in Wirklichkeit Bist. Und wo immer Du Dich in einem solchen Augenblick gerade befindest, körperlich, seelisch oder geistig, wirst Du das Gefühl erleben, wie es ist, zu Hause angekommen zu sein.

„Welcome Home!"

WESHALB DU KEINEN WUNSCH BEI EINER GUTEN FEE FREI HAST

Wer hat nicht schon davon geträumt, dass ihm eine Fee erscheine - oder wie Aladin, der Geist der Wunderlampe - und die Erfüllung eines Wunsches gewährt? Da ich durchaus der Meinung bin, dass solche Wesenheiten existieren, es aber so gut wie nie geschieht, musste ich mich auf die Suche nach einer anderen Antwort machen als jene: ‚So etwas gibt es nicht'. Die Antwort ist denkbar einfach. Ich will sie Dir anhand folgender Überlegung verdeutlichen: Was glaubst Du, würde sich ein etwa 5-jähriges Kind wünschen, wenn ihm eine Fee erscheinen würde? Ja, vermutlich irgendein Spielzeug... nun, denkst Du, ein 10-jähriges Kind würde sich dasselbe wünschen? Natürlich nicht. Was glaubst Du, würde sich ein 16-jähriger Teenager wünschen? Ja, vielleicht würde er sich wünschen ein Filmstar zu sein, Fußballprofi oder Fotomodell. Und, was denkst Du, würde sich ein 30-Jähriger noch dasselbe wünschen? Natürlich nicht. Und was glaubst Du, würde sich ein 40-Jähriger wünschen? Was immer es auch sein würde, denkst Du, er würde sich mit 50, 60 oder 80 Jahren noch dasselbe wünschen? Natürlich nicht. Warum nicht? Ja, weil sich die Prioritäten verändern. Du kannst also anhand Deiner eigenen Überlegungen und auch Erfahrungen erkennen, dass das einzig Beständige an unseren Wünschen, deren Wandlung ist. Obwohl wir das wissen, halten wir am illusorischen Glauben fest, dass - wenn wir dies oder jenes hätten oder sein würden - wir dann glücklich wären. Des Menschen Glück scheint also stets von äußeren Dingen abhängig. Die Menschen sind dadurch Sklaven ihrer Wünsche. Sie haben vergessen - oder es noch gar nicht bemerkt - dass nicht das Erreichen eines Zieles glücklich macht, sondern das Streben nach ihm! Nicht das Ziel erfüllt Dich, sondern der Weg zum Ziel. Nicht, etwas zu haben verleiht Kraft, sondern etwas zu wollen. Ja, der Weg zum Ziel ist weitaus spannender als das Ziel selbst. Du tust die Dinge, die Du tust, in Wahrheit nicht um Dein Ziel zu erreichen, sondern um eben diese Erfahrung zu machen, die Du auf dem Weg, im jeweiligen ‚Jetzt' erfährst. Ein Ziel vor Augen zu haben dient Dir lediglich als Legitimation und zur Akzeptanz dessen, was ist. Ansonsten würdest Du den (beschwerlichen) Weg – Deinen Weg – wohl kaum freiwillig gehen wollen.

Je größer Dein Ziel nun ist, desto größer wird auch Deine Annahmebereitschaft sein, Deinen Weg zu gehen. Verfolgst Du also ein großes Ziel – eine Vision – so steigert sich Deine Bereitschaft zur Annahme all dessen was ist, ins Unermessliche. Du bist bereit, alles was ist, in Kauf zu nehmen. Dies ist nicht bloß der Anfang allen Erfolges, sondern auch der Beginn eines glücklichen Lebens – vor der Verwirklichung Deiner Wünsche. Dies also ist der erste, unabdingbare Schritt hin zu Deinem Glück jenseits der Erreichung jedweder Ziele oder der Erfüllung sich stets wandelnder Wünsche. Wenn es Dir gelingt, an diesen Punkt zu gelangen dann wirst Du bemerken, in welchem Verhältnis Ziel und Weg zueinander stehen und wie unwesentlich das Erreichen von Zielen im Vergleich zum Gehen des Weges ist. Plötzlich wird der Weg zum Ziel! Die anderen Ziele, Deine Wünsche und auch Visionen beginnen sich aufzulösen. Vergangenheit und Zukunft werden immer unwichtiger und die Gegenwart tritt immer stärker in den Vordergrund. Plötzlich wird sich ein neues Grundgefühl einstellen. Ein von Zielen unabhängiges, freies Glücksgefühl, welches Dir mehr und mehr die Glückseligkeit des gegenwärtigen Augenblicks offenbart. Langsam wird also klar, weshalb die guten Geister – auch wenn sie uns nicht verlassen haben – uns nicht einfach alle unsere Wünsche erfüllen. Sie wissen, dass jedem erfüllten Wunsch, ein weiterer folgt, dass jedem erreichten Ziel, ein weiteres bevorsteht und vor allem, dass jenes Glück, welches Du wirklich suchst, sowieso jenseits all dessen zu finden ist. Unabhängig von alledem. Selbst wenn es Dir momentan erscheint, als wäre die Linderung Deines Schmerzes schon Glück genug, so ist es dennoch nicht zu vergleichen mit jenem unsäglichen Glück, welches in Deinem Leid verborgen liegt. Denn wie aus jedem erfüllten Wunsch ein weiterer entsteht, folgt jedem *abgelehnten* Leid ein weiteres Leid.

Leiden zu umgehen, ihm Widerstand zu leisten und es vermeiden zu wollen, führt nicht wie man es allgemein annehmen würde, zum Glücklichsein, sondern vielmehr zu Stress und Unzufriedenheit. Bevor Dir der ‚liebe Gott' oder eine ‚gute Fee' also Deine Wünsche erfüllt, musst Du in der Lage sein, Dein Glück darin zu sehen, was gerade ist. Wenn Dir das gelingt, wirst Du den Zustand wunschlosen Glücklichseins erfahren. Innere Zufriedenheit, innerer Friede, unabhängiges Glück und eine beständige Harmonie werden sich alsdann in Dir ausbreiten. Und jetzt, jetzt ist alles wirklich offen! Ab sofort werden sich dann alle Deine Wünsche, noch bevor Du Dir ihrer bewusst bist, erfüllen. Alles was Du tust, alles was ist, wird sich von nun an in vollkommener Harmonie und Perfektion zusammenfügen und zu Deinem Besten sowie zum Wohle der gesamten Schöpfung dienen.

Natürlich glaubt sowohl der 5-Jährige, wie auch der 10-, 16-, 30-, 40-, 50-, 60- oder 80-Jährige, dass seine Wünsche wichtig und gegenüber der Allgemeinheit vertretbar und ethisch durchaus gerechtfertigt sind. Das mag bisweilen auch sehr wohl zutreffen, bloß bei entsprechender spiritueller Weiterentwicklung kommt ein jeder zum Schluss, dass seine damaligen Wünsche wohl eher egoistischer Natur waren und seinem heutigen Bewusstsein nicht mehr entsprechen würden. Gut also, dass da kein ‚guter Geist' oder Gott sie erfüllte.

Finde den *einen* Wunsch, das *eine* Ziel, die *eine* Vision, welche sich niemals verändern wird! Denn nur solche werden von guten Geistern erhört. Ja, solange die Menschen solche Zusammenhänge nicht kennen, werden sie sich weiterhin wundern müssen, weshalb Gott ihre Gebete scheinbar nicht erhört und werden sein Erscheinen oder das Erscheinen großer, guter Geister wie Feen, Engel oder Meister, ins ferne Reich der Phantasie verbannen. Hier noch ein Tipp zur Kontemplation, zum Nachdenken:

Jesus sagte: „Ich bin der Weg, und die Wahrheit und das Leben." *(Joh. 14/6)*

Beziehe diese Worte einmal nicht auf Jesus, sondern auf Dich selbst und beobachte, was passiert wenn Du zu Dir selbst sagst:

„Ich bin der Weg, ich bin die Wahrheit, ich bin das Leben."

Ach ja, und bevor ich es vergesse: Solltest Du beim Lesen gerade den Wunsch verspürt haben, wunschlos sein zu wollen, dann erkenne, dass auch dies bloß ein weiterer Wunsch ist und Dich letztlich in dieselbe

Unzufriedenheit führen würde, wie alle anderen Wünsche auch. Geh´ einfach Deinen Weg! Wunschlosigkeit geschieht - wenn - dann ganz von alleine. Sie ist nur dann echt, wenn sie einfach entstehen kann und nur was echt ist, hat Bestand.

So, und damit Du noch einen kleinen Einblick ins FREE SPIRIT Trainer-Sein bekommst, lasse ich Dich an einem für Trainer bestimmten Newsletter teilhaben. Vielleicht wirst Du ja neugierig und fühlst, dass Du auch gerne ein Teil davon werden möchtest...

STILLE
DIE SPRACHE

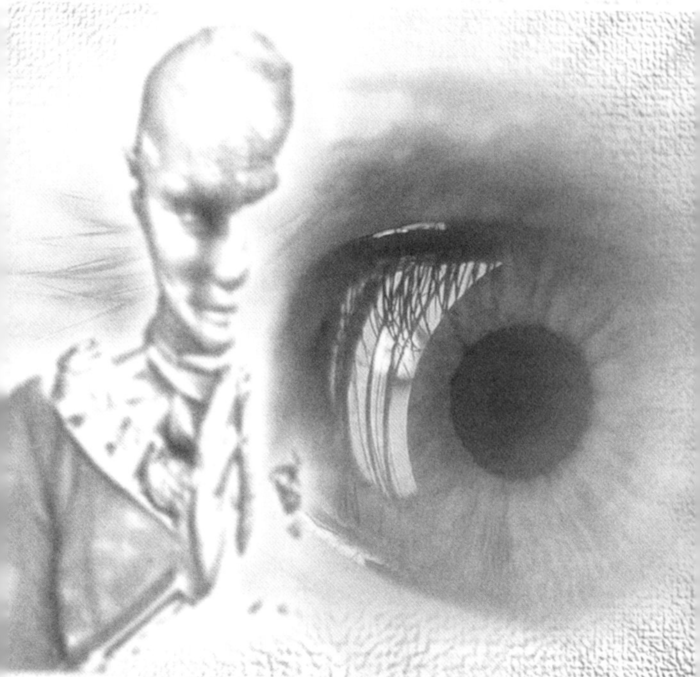

DES FREIEN GEISTES

Manchmal, wenn Du anfängst jemandem wirklich nahe zu kommen, bemerkst Du, dass Du still wirst. Ja, Stille breitet sich aus. Sie breitet sich immer und überall dort aus, wo echte Beziehungen entstehen. Stille ist Liebe. Du bist es gewohnt, oberflächliche Beziehungen zu leben. Du kennst die Tiefe, die Intimität zweier sich in der Stille begegnender Seelen nicht. Und manchmal, wenn Du einen leichten Geschmack einer solchen Verbindung, einer solch intimen Beziehung zu einem anderen Menschen erheischen kannst, fühlst Du Dich möglicherweise sogar unwohl. Stille ist peinlich.

Stille bedeutet oft, dass man nicht weiß, was man sagen soll. Stille bedrückt Dich vielleicht sogar.

Doch es gibt keine andere Sprache, die besser dazu geeignet wäre, alles zu sagen, als die Stille. Manchmal begegnest Du dieser Stille beim Betrachten eines Sonnenuntergangs oder beim Einatmen des Duftes einer Blume, beim Lauschen auf das Plätschern eines Baches oder beim Hören angenehmer Musik.

Stille ist die Sprache des Geistes, der Atem der Seele und die intimste Beziehung zu allem was ist; ja, Stille ist die Gegenwart Gottes. Es sind diese Momente, in denen Du den Dingen wirklich nah bist. In diesen stillen Augenblicken kannst Du erfahren, was es heißt, in Beziehung zu etwas oder jemandem zu sein. In dieser momentanen Stille kannst Du Intimität erleben.

Du willst etwas Besonderes sein?

Du willst einen besonderen Menschen, besondere Tiere, Pflanzen und Dinge um Dich haben. Du suchst ein Leben lang danach, wen oder was Du vollkommen lieben könntest... Bis Du eines Tages bemerkst, dass alles, jeder Mensch, jedes Tier, jede Pflanze und jedes Ding etwas absolut Besonderes ist. Alles ist besonders, zumindest all jenes, dem Du Dich in den Augenblicken absoluter Stille hingibst.

Du selbst wirst in dem Maße besonders, indem Du etwas oder jemand anderes als besonders betrachtest.

Wenn Du mit jemandem eine Beziehung eingehst, ist diese meist nur oberflächlich. Du unterhältst Dich über belanglose Dinge, wie das Wetter, die Arbeit, Geld, Mode, Sport usw. Dies ist bloße Zeitverschwendung, ein langweiliger Zeitvertreib, um echte Intimität zu verhindern. Doch wenn Intimität entsteht und man anfängt sich dem anderen wirklich nahe zu fühlen, gewinnt plötzlich alles an Bedeutung. Jedes Wort, jeder Blick, jede Bewegung und jedes Schweigen.

Immer wenn Nähe, Liebe entsteht, taucht Stille auf. Kurz davor tauchen Deine Ängste, Zweifel, Unsicherheiten und möglicherweise Neid sowie Eifersucht auf. Das ist normal. Deshalb ist es auch so wichtig, diese Gefühle zu integrieren. Denn so lange sie da sind, können Intimität, Stille und somit wirkliche Beziehung nicht entstehen.

FREE SPIRIT hat, unter anderem, das Ziel, diese Integrationsarbeit zu leisten, um die Bahn frei zu machen für das wundervolle Fließen der bedingungslosen Liebe und dafür, dass wieder wahre Intimität zwischen den Menschen und auch im Bezug des Menschen zur Welt entstehen kann.

Das Glück der liebenden Stille erfährt man nicht, weil man etwas hat, bekommt oder indem man geliebt wird, sondern indem man alles gibt, was man hat. Das große Glück ist nicht geliebt zu werden, sondern zu lieben.

Erst wenn man alles gegeben hat, was man besitzt – und Du besitzt nur eines: Liebe –, kann Intimität entstehen und ein ungehindertes Fließen, ein ‚Flow' von Liebe, geschehen. Liebe fließt immer. Sie verlangt nicht, denn sie will bloß geben, deshalb fürchtet sie auch keinen Verlust, denn Verlust für die Liebe ist es, wenn sie nicht lieben kann und nicht, wenn sie nicht geliebt wird. Für die meisten Menschen bedeutet ‚kommunizieren', zu reden, zu diskutieren, zu philosophieren... Die echte Kommunikation findet jedoch im Herzen statt. Die Stimme des Herzens ist die Stille. Sie spricht immer, sie ist immer da, sie wird bloß von bedeutungslosem Gerede übertönt. Sprache ist ein sehr primitives Kommunikationshilfsmittel. Mit ihr kann niemals auch nur ansatzweise das vermittelt werden, was die Stille zu sagen vermag. Sprache ist – aus diesem Begreifen heraus – nicht viel mehr als ein ‚Grunzen'. Selbst das Grunzen eines Schweins ist bedeutungsvoller als dieses unablässige Gerede der Menschen.

Je stiller Du wirst, desto mehr wirst Du fähig sein zu lieben.

Wo keine Liebe ist, da braucht es Worte. Sonst versteht man sich selbst – und auch einander – nicht. Doch wo Liebe ist, da sind Worte überflüssig. Nicht weil man einander nichts zu sagen hätte, sondern weil Worte nicht das ausdrücken können, was wirklich da ist. Es ist eine neue Dimension, in die man überwechselt, eine höhere Ebene der Kommunikation. Ich nenne sie die heilige Kommunikation, die Kommunion zweier oder auch mehrerer verbundener Seelen, die ihre Essenz miteinander teilen.

Wie wird man still und wie kann ich lieben lernen ?

Es fängt damit an, dass Du Dich selbst akzeptierst und so wie Du bist, zu lieben beginnst. Dies öffnet Dich und macht Dich verletzlich.

Es verschafft Dir Zugang zu Deinem Wesen, zu dem, was wesentlich an Dir ist. Wenn Dir das gelingt, dann wirst Du alles andere ebenfalls akzeptieren und lieben können. Du wirst feststellen, dass alles verletzlich ist, dass alles verwundbar und dadurch einzigartig ist. Die majestätische Schönheit aller Menschen, Tiere und Dinge sowie die wundervolle Liebe von der alles getragen ist, wird Dir allmählich immer bewusster werden.

Und wenn Du erst einmal Dich selber liebst, dann beginnst Du auch wieder das Leben in all seinen Aspekten zu lieben. Dann wird es unnötig sein, sich Gedanken darüber zu machen, wie man sich verbessern könnte. Denn von nun an geschieht Deine Entwicklung wie von selbst, weil sich das Leben in Dir entfaltet. Du hast nun keine Notwendigkeit mehr, ein Idol, ein Ideal, einen Guru, Lehrer, Heiler oder irgendwelche Götter anbeten und verehren zu müssen. Du hast Dich in die unmittelbare Obhut des Lebens selbst gegeben und beginnst nun, Dich mit der

Essenz zu vereinigen. Ja, bald wirst Du völlig in ihr aufgehen. Du wirst Dich nicht mehr darum bemühen zu lieben oder geliebt zu werden, still oder nicht still zu sein. Du bist die Liebe, Du bist die Stille selbst geworden. Jetzt ist alles ‚intim'.

Und wenn FREE SPIRIT etwas zu teilen hat, dann dies: Liebe und Stille.

Der innere Kreis

Du kannst nicht bloß als Trainer oder Trainerin jederzeit in diesen inneren Kreis der Eingeweihten eintreten. Es ist zwar ein Privileg dabei zu sein, ein Privileg mich zu kennen, ein Privileg mit Free Spirit's zusammensein zu können; jedoch ist es *jedem* möglich in den inneren Kreis des Lebens einzutauchen. Aber als zukünftiger FREE SPIRIT-Trainer wirst Du immer mehr zu teilen haben und auch teilen wollen. Dafür musst Du erst etwas besitzen. Also kümmere Dich zu allererst um Dich selbst, um Deine Selbstakzeptanz, Deine Selbstliebe, damit Du über genügend Liebe verfügst, um sie mit möglichst vielen Menschen teilen zu können. Eines Tages werden es Dir Tausende von Menschen verdanken. Du wirst ihnen Mut, Hoffnung und Akzeptanz geschenkt haben. Du wirst viele Leben gerettet, und viele Menschen hin zu ihrem eigenen Innersten begleitet haben. Der größte Dank dafür ist, dass Du Dich selbst immer mehr liebst. Und wie gesagt, je mehr Du Dich selbst lieben kannst, umso mehr kannst Du andere lieben; je mehr Du Dich selbst akzeptierst, umso mehr kannst Du andere akzeptieren.
Ein Free Spirit zu sein bedeutet also nicht, über gewisse Bewusstseins-Werkzeuge zu verfügen oder Lehrer, Heiler und Therapeut zu sein, sondern eine

bestimmte Lebenshaltung, einen bestimmten Lebensstil zu pflegen. Wenn Du mit uns diese Art zu leben teilst und sie in Deinen Alltag integriert hast, dann bist Du zu einem lebendigen Beispiel für den freien, liebenden und wertschätzenden Geist eines wahrhaftigen Free Spirit geworden. Und nur dies alleine vermag andere Menschen zu beeindrucken! Mehr als tausend Worte, Lehren, Übungen, Konzepte oder Predigten es jemals tun könnten. Du lebst ganz einfach das, was Du Bist, und hast etwas äußerst Wertvolles zum Teilen, nämlich... Dich selbst.

Jetzt sind wir ein Team, ein Team das wirklich In ist; ein ‚In-Team' oder eben: Intim.

Tja, und worum anderes soll es denn letztlich gehen, als um das Teilen seiner selbst? Wenn Du wüsstest, wie sehr dieser Teil Deiner Liebe, Deines Lächelns, Deiner Kraft und auch Deiner momentanen Traurigkeit gebraucht wird und wie wertvoll Du für das große Ganze bist... Du würdest wohl keinen Augenblick länger zögern und Dich dem Leben voll und ganz hingeben mit allem, was Du bist.

Ich sagte ja schon, dass FREE SPIRIT nicht bloß ein Kurs ist. Es ist in der Tat mehr eine Art zu leben, ein Lifestyle. Es geht im Eigentlichen um die Rückverbindung (Re-ligio) eines vom Ursprung abgetrennten (scheinbar abgetrennten) Bewusstseins zur Quelle allen Seins. Die Quelle, der Free Spirit oder eben Gott, sehnt sich nach Dir. Es erwartet Dich jedoch nichts Religiöses, nichts Schein-Heiliges, nichts was Dich dazu zwingt, anders zu sein, als Du bist. Es erwartet Dich die bedingungslose Liebe deren Sehnsucht mittlerweile so stark angewachsen ist, dass sie sich dergestalt auszudrücken vermag, dass ich, als Vertreter oder besser ‚Botschafter' so zu Dir sprechen und Dir seine Energie in dieser Form der Worte übermitteln kann und darf. Missverstehe mich bitte nicht. Ich sage weder, dass ich der Einzige, noch der Auserwählte bin. Es gibt viele Mitmenschen, welche diesen Dienst mit mir teilen! Ich bin einer von vielen und in dem Sinne überhaupt nichts Besonderes. Sicher bin ich mir meiner Einzigartigkeit bewusst, aber dieses Bewusstsein führt nicht in Überheblichkeiten, sondern eher zu Demut. Doch auch hier: Bitte diese Worte nicht mit dem alten Verstand interpretieren. Demut hat nichts mit Unterwürfigkeit oder Sich-klein-Fühlen zu tun, im Gegenteil!

Wir müssen uns langsam an eine vollkommen neue Bedeutung und Interpretation der Sprache gewöhnen. Gegenwärtig sind wohl die meisten wesentlichen Begriffe unserer Sprache durch Religion, Indoktrination, Moral und Wissenschaft geprägt. Man kennt die wahre Bedeutung vieler Worte nicht mehr. Ja, manchmal fühlt man sich, ohne es zu wollen, einfach schlecht oder gut beim Hören gewisser Begriffe. Nun, die Sprache der neu angebrochenen Zeit ist eine nicht-wertende Sprache. Daran muss man sich erst gewöhnen.

Alte Sprache – neue Sprache

Wenn ich zum Beispiel sage, dass die Menschheit krank und ihr Verstand wahnsinnig und verrückt ist, so klingt das ziemlich beleidigend, hart und arrogant. Gemeint ist es jedoch keineswegs als Bewertung, sondern als Feststellung gewisser Umstände und Begebenheiten. Es meint, dass die meisten Menschen nicht mehr in der Harmonie leben, also in Krankheit

(Disharmonie) sind. Tja, und wie verrückt muss ein Verstand wohl sein, um Kriege zu führen, zu betrügen, zu lügen, auszunutzen und ständige Gewalt auszuüben - vom Schlachtfeld bis zum Schlachthof?! Wie wahnsinnig muss man sein, um kleine Kinder in gefängnisartige Schulen zu stecken dermaßen verheerende Eingriffe in die gesunde Entwicklung ihres Verstandes zu nehmen und sie dazwischen beinahe rund um die Uhr vor einen Fernseher zu setzen? Wie verrückt muss man eigentlich sein, um zu glauben, was die Priester predigen und die Nachrichten verkünden?

Ja, ich darf so etwas mit ruhigem Gewissen sagen, da ich mich längst selbst als Verrückten entlarvt habe! Dies garantiert Dir jedoch im Gegenzug auch, dass ich niemanden seiner Fehler wegen verurteilen kann, denn jedes Urteil über einen anderen wäre ein Selbsturteil. Wer sich selbst so einem Entlarvungsprozess preisgibt, der und nur der hat Chancen darauf, ein Schmetterling zu werden. Jede Raupe trägt - wie schon gesagt - im Innern die Anlagen eines Schmetterlings! Doch es muss jeder selbst, freiwillig, den notwendigen Entlarvungsprozess einleiten. Wer sich selbst den Prozess macht, der wird nicht verurteilt werden können und sieht auch keinen Anlass zu verurteilen. Jeder der urteilt, bezeugt damit, dass er sich noch im Bewusstseinszustand der Raupe befindet, mehr nicht. Kein Urteil kann jemals richtig sein, keine Strafe gerecht und keine Moral göttlich! Moral ist immer abhängig vom jeweiligen Zustand der Gesellschaft. Sobald man etwas für die Gesellschaft tut, bekommt es von ihr den Glanz der Glorie umgehängt. Töte für Dein Land in einem fernen Krieg Tausende Brüder und Schwestern und man wird Dich zum Helden küren. Außerhalb davon: Töte einen einzigen und ein Leben hinter Gittern oder gar die Todesstrafe wird Dir sicher sein. Wie verrückt das doch ist, findest Du nicht?! Oha, ich sagte übrigens rein gar nichts in der Art, dass Töten gut oder schlecht sei. Mag sein, wie es ist, aber es macht mich stutzig, dass ein und dieselbe Tat ´mal himmlisch und ´mal höllisch sein soll (...). Ich versteh das einfach nicht. Du etwa?

SPIRITUELLE ENTFALTUNG

BIS HIN ZUM ZIEL

Die Sehnsucht nach spiritueller Entfaltung, welche in uns allen steckt, vollzieht sich meist in bestimmten Schritten. Zuerst hat der Mensch kein Verlangen nach Gott. Er traut sich nicht, da er sich unbewusst für einen großen Sünder hält. Die Begegnung mit dem Ursprung ist zu diesem Zeitpunkt nicht gewünscht. Noch möchte man sich nicht mit der persönlichen Wirklichkeit konfrontieren. In dieser Zeit macht sich der Mensch keine Gedanken über Gott oder über sein eigenes, seelisch-geistiges Wohlergehen - sofern es nicht durch irgendwelche unangenehme Umstände wie Krankheit oder Verluste vom ‚Schicksal' erzwungen wird. In diesem Stadium lebt der Mensch einfach so dahin und wenn nichts Gravierendes geschieht, dann bleibt es auch so. Deshalb sind gewisse leidvolle Erfahrungen äußerst wertvoll und wünschenswert, ansonsten der Mensch sich kaum entwickeln würde.

Als nächstes wendet sich der Mensch - meist über eine ‚Religion' - Gott zu. Die ersten Worte an das Universum lauten in diesem Stadium: ‚Warum nur? Warum?!' Der Mensch leidet also und sucht - nachdem er zunächst ausgiebig mit Gott gehadert hat - Trost. Er wird, zumindest scheinbar, gläubig. Auf dieser Reise scheint ihm dann bewusst zu werden, wie schuldig und sündhaft er gewesen wäre und er beginnt, sich einem Gott zu unterwerfen. Nun fühlt er sich an der Oberfläche des Bewusstseins zumindest wieder gut. In der Tiefe seiner Seele jedoch fühlt er sich immer noch ungenügend. Daher flüchtet er sich in verschiedenste Praktiken und Rituale um diese unangenehmen Gefühle zu vermeiden. Er dient dem Nächsten, opfert seine Freizeit und konzentriert alle seine Gedanken auf das scheinbar Positive. In dieser Phase bemühen sich die Menschen darum ‚gut' zu sein. Selber stehen sie sehr unter Stress durch ihren hausgemachten Leistungsdruck. Dies aber, wird sie langfristig nicht glücklicher machen und sie werden – früher oder später – nach anderen Möglichkeiten Ausschau halten. Meist wechseln sie zu Beginn bloß die Religion. Christen werden zu Buddhisten oder Esoterikern. Manchmal treten sie einer Sekte bei und sind jahrelang Feuer und Flamme dafür. Warum? Weil sie sich nach klaren äußeren Richtlinien sehnen. Diese, so glauben sie zumindest, bräuchte man dann bloß zu erfüllen und der Eintritt ins Himmelreich scheint gesichert. Doch auch hierbei werden sie nicht glücklich. Auch hier bleiben die gewünschten Erfolge aus und die Suche geht weiter...

Die nächste Etappe könnte bereits echte Spiritualität beinhalten. Obwohl viele an diesem Punkt wieder umkehren oder sich von aller Sinnsuche wieder abwenden, so gehen einige doch einen Schritt weiter. Auf dieser Ebene der echten Spiritualität lernen sie dann nach und nach auf sich selbst zu vertrauen. Es ist dies oft ein langer Weg und man wird von großen Zweifeln geplagt. Doch irgendwann gelangt man an den Punkt, wo man Gott oder den Ursprung in sich selbst gefunden zu haben scheint. Es ist dies ein wunderbarer Moment und man war Gott nie näher als jetzt. Man fühlt sich beinahe erleuchtet. Dies genießen die meisten eine geraume Zeit. Mehr und mehr kehrt die Stille in ihnen ein und der Verstand kommt zur Ruhe. Dies ist die Zeit der großen Erkenntnisse. Manchmal werden die Menschen in diesem Stadium zu wahren Philosophen oder großartigen Denkern. Doch dann kommt irgendwann ein weiterer Moment des Fortschreitens...

Und dies ist weitaus der härteste, herausforderndste und gewaltigste Schritt überhaupt. Hier kommt der entscheidende Moment. Jener Moment nämlich, wo nun auch die letzte Vorstellung Gottes, welche der Mensch in sich trägt dem unvorstellbar Göttlichen selbst weichen muss. Das ist wie Sterben: Hier stirbt jedwede Vorstellung von Gott, dem Leben und von sich selbst. Hier muss man alles aufgeben! Denn bisher war alles begrenzt, hier aber beginnt das Eintauchen ins unbegrenzte Sein. Hier beginnt Erleuchtung und somit auch das wahre Leben. Alles davor: Suche. Dieses Eintauchen aber ist Finden. Tja, um zu finden, was der Mensch sucht, muss er alles wegwerfen, was er bis dahin gefunden oder gelernt hat. Er muss wie ein unbeschriebenes Papier sein und dem Universum ganz rein begegnen. Unschuldig wie ein Kind, ohne Vorwissen, Vorurteile und Vorstellungen. Das ist, wie wenn man ins Wasser springt ohne zu wissen, was Wasser ist. Ist es hart oder weich? Erfrischend oder ätzend? Das Ende oder der Anfang? Du weißt es nicht, aber Du musst springen. Du musst Dich der Ungewissheit hingeben. Ja, es ist gefährlich! Alle Sicherheiten Deines Vorlebens werden zerfallen nur schon dann, wenn Du zum Sprung ansetzt. Dein Verstand wird Dir auf das Dringlichste davon abraten, weil er nicht abschätzen kann, wohin es führen wird. Er hat Angst.

Diese Angst lässt einige umkehren und andere sich eine Scheinwelt bauen. Wenige, nur ganz wenige bishar wagen diesen Sprung ins Ungewisse. In eine Weite und Tiefe, welche genau so viel an Freiheit beinhaltet, wie an jegliche Sicherheit verschwunden ist. Danach – ‚leider' erst danach – erfährt man, dass genau diese Unsicherheit die einzig wahre Sicherheit bietet. Zuvor war Wissen Sicherheit. Danach ist es: Vertrauen. Vertrauen ist nur möglich, wenn man nicht weiß. Du siehst also: die Menschen verstehen Vertrauen immer falsch. Vertrauen entsteht nicht, wenn man jemand länger kennt, sondern wenn man liebt. Vertrauen entsteht aus Liebe – und somit Vertrauen, unumstößliches Vertrauen, jenseits aller scheinbaren Enttäuschungen. Liebe und somit Vertrauen kann niemals durch eine Lüge tangiert werden. Liebe kann man nicht enttäuschen, denn sie liebt immer und anspruchslos. Und wo es keine Ansprüche gibt, sind auch keine Verletzungen möglich. Ich vertraue immer, ich liebe immer, ich bin die Liebe und das Vertrauen. Deshalb kann ich mich dem Leben einfach hingeben und deshalb ist mein Leben, meine Liebe und mein Vertrauen so unerschütterlich.

Erst wenn der Mensch zum Universum selbst geworden ist, erschließt es sich ihm. Erst wenn er zur Liebe selbst geworden ist, liebt er und erst wenn er selbst zum Vertrauen geworden ist, kann er vertrauen.

Das Ziel ist einfach. Es lautet: Freiheit. Die Freiheit das zu Sein, was Du schon immer Warst, Bist und Sein wirst!

Nun lebt der Mensch losgelöst jeglicher Vorstellung über das Leben, weil er erkannt hat, dass das Leben nicht berechenbar ist. Er taucht ein in das reine Sein des Augenblicks und von dort heraus lebt und handelt er, intuitiv, augenblicklich, spontan und authentisch. Genau das war ja immer das Problem auf all den anderen Entwicklungsebenen, dass man der Meinung war oder, dass einem gesagt wurde, wie man wäre, würde nicht genügen. Wo auch immer die Menschen ihre spirituelle Zuflucht suchten, wurde ihnen gesagt, wie sie zu sein hätten, was man dürfe - und was nicht. Jede Religion, jede Sekte, jede Glaubensrichtung, jeder Geheimzirkel, alle sagten sie Dir, wie und wann Du ‚richtig' und wann Du ‚falsch' bist. Und das Verrückte dabei: Wir glaubten - und glauben - es auch noch! Ich hatte schon einige Gespräche mit ‚Gott' aber, nie, noch gar nie hat er mir auch nur einen einzigen Vorwurf gemacht. Wann immer ich in bewusstem Kontakt mit dem Ursprung des Lebens war, in welcher Form auch immer, nie hatte ich auch nur für einen einzigen Augenblick das Gefühl, nicht in Ordnung zu sein. Und in der Tat ist dieses Gefühl des ‚Absolut-in-Ordnung-Seins', das schönste, weiteste und tiefste Gefühl, welches mir bis dato untergekommen ist. Deshalb gilt meine Lehre - wenn sie denn überhaupt eine ist - einzig und allein dem Zweck, dass Du Dir erlaubst und Dich selbst ermunterst, Du selbst zu sein. Jede Lehre, die Dir glauben machen will, Du wärest nicht in Ordnung so, wie Du bist - ist eine Irrlehre. Fühle das und denk bitte immer daran, wenn Du Deines Weges gehst.

Es bedeutet ja nicht, dass Du Dich deswegen nicht entwickeln, weiter wachsen, Dich entfalten kannst. Aber nicht unter Druck und mit dem Bewusstsein, dass Du nicht in Ordnung seiest, sondern vom Aspekt ausgehend, dass Du neue Aspekte Deiner selbst und neue Möglichkeiten des Universums erfahren möchtest. Dies ist ein grundlegender Unterschied dazu, sich nur deshalb und dann zu verändern, wenn etwas ‚nicht-in-Ordnung' ist oder Dir jemand - irgendein dahergelaufener Guru, Lehrer, Meister oder Priester - weismachen will, dass Du nicht O.k. wärest. Immer wenn solche Lehrer an ihren Grenzen der Weisheit angekommen sind, ziehen sie die Waffe der Sünde, der Schuld oder des Karmas. Nun, wenn Du weißt, dass Du irgendwo nichts mehr lernen kannst, dann sei nicht zu feige, wieder Deinen eigenen Weg zu gehen und Dich auch von diesen Lehrern wieder zu lösen. Deshalb sage ich: „Lebe losgelöst von allem!" Dieser Spruch von mir ist von weitaus größerer Tragweite, als man glauben mag. Ich wäre dankbar und fände es schön, wenn Du das sehen und es Dir zu Herzen nehmen willst. Ich habe ja schon in früheren Ausführungen erklärt, was es mit Karma, Schuld und Sünde auf sich hat und auch, wie es möglich ist zu leben, ohne sich Karma anzuhäufen. Somit kann euch niemand mehr am Gängelband spiritueller Traditionen an der Nase herumführen - außer ihr selbst lasst es zu... Eine große Kirche, gewaltige Tempel und Monumente zeugen nicht von großer Spiritualität, sondern eher von großen Machtgelüsten und anderen politischen wie auch gesellschaftlichen Intentionen. Ich weiß, ich weiß, ihr Auftreten, ihre Kleidung, ihre Musik, ihre Bücher und bisweilen sogar ihre Argumente vermögen zu beeindrucken... zumindest auf den ersten Blick. Doch bei genauerem Hinsehen und einer kritischen Betrachtung halten sie allesamt nicht stand. Und ich spreche jetzt nicht von etwaigen persönlichen Unzulänglichkeiten - diese gestehe ich nicht bloß mir, sondern jedem Menschen gerne zu - sondern ich spreche hier von ihren Lehren und Konzepten. Schon möglich, dass diese in ihrer Zeit - vor ein paar tausend Jahren - Gültigkeit besaßen. Aber, wir befinden uns im 21. Jahrhundert! Unsere Zeit hat und verdient ihre eigene Spiritualität. Ja, nichts ist so lange in seiner Entwicklung stehengeblieben, wie die spirituellen Traditionen herkömmlicher Konfessionen. Alles schreitet voran und es ist nicht gerade eine Auszeichnung, dass es gerade mich braucht um frischen Wind in diese Gefilde zu bringen. Wer bin ich denn schon?! Tja, vielleicht bin ich einfach nur dumm genug, mich gegen all die althergebrachten Religionen und spirituellen Pfade zu stellen...

Nun ja, wer am Ende die Dummen sein werden, wird sich zeigen. Aber eben: Lieber dumm und glücklich als gescheit und unglücklich. Ok. Spaß beiseite. Wenn wir die Welt betrachten, dann lässt sich leicht feststellen, dass da etwas ganz Gravierendes falsch gelaufen sein muss. Wie sonst könnte man die vielen Kriege, die Armut und die unzähligen Krankheiten erklären? Na ja: mit Karma, Schuld oder Sünde und dergleichen – aber das liegt mir nicht. Für mich ist es einfach: Ignoranz. Ich halte mich selbst nicht für etwas Besseres. Aber ich muss mich ja auch nicht nochmals für weitere Jahrtausende einreihen oder? Keiner von uns ist dazu gezwungen. Und wenn wir es trotzdem tun, so stellt sich die Frage: Warum? Wovor fürchten sich die Menschen? Tja, zuerst hat man sie illusionär von Gott getrennt und nun gibt man vor, ihnen wieder zu einer Rückverbindung (Religion) zu verhelfen. Aber der Mensch war niemals von Gott getrennt! Wie soll denn eine Rückverbindung funktionieren, wenn da gar keine Trennung besteht? Wie soll denn sowas funktionieren? Hier lässt sich unschwer die enorme Tragweite des Glaubens, auch des Irrglaubens, erahnen. Denn es ist in der Tat bloß der Glaube. Tja, und der Glaube versetzt manchmal nicht bloß Berge, sondern auch Leichenberge. Erst wenn der Mensch sich innerlich tot glaubt, wird er fähig zu töten.

Deshalb ist mein Beitrag zum bevorstehenden Weltfrieden, die Rückverbindung, die Rückkehr zur Lebendigkeit!

Lebendigkeit trägt in sich einen tiefen Frieden und grenzenlose Wertschätzung für das Leben an und für sich. Das innere Abgetrennt- oder Abgestorben-sein jedoch trägt in sich die Frucht des Todes und des Tötens. Zu lange schon lebten die Menschen nach dem Motto: ‚Auge um Auge, Zahn um Zahn'. Kein Wunder also, wimmelt es in dieser Welt vor lauter zahnlosen Blinden. Aber um wie viel mehr Ignoranz müssen die Menschen mit sich herumtragen, um sich von diesen Blinden auch noch regieren zu lassen? Es ist also ganz und gar nicht verwunderlich, dass die Jugend zur globalen Revolution ansetzt. Noch kann man sie zurückhalten und – ebenfalls, genauso wie früher uns Alte – indoktrinieren. Aber früher oder später werden sie nicht mehr zu steuern sein und die gegenwärtigen Gesellschaftsordnungen auf den Kopf stellen. Unangenehm? Ja, aber auch lebendig! Die Revolution hat bereits begonnen, ich bin kein ‚Vorbereiter' all dieser kommenden Veränderungen, sondern eher etwas wie ein ‚Berichterstatter' dessen, was gerade stattfindet. Prophetisch und visionär scheinen meine Aussagen bloß jenen, die selbst zu blind sind, das zu sehen, was bereits ist...

Vielleicht habe ich Dich nun ebenfalls verärgert, habe Deinen Glauben in Frage gestellt oder sonst wie Deine Persönlichkeit verletzt. Das täte mir Leid, aber Du wirst verstehen, dass ich in solch´ wichtigen Dingen keine Rücksicht auf Dein Ego nehmen kann (...) Wie schon gesagt: ‚Was Dich nicht berührt, das ist nicht lebendig.' Und ich bin lebendig!

Ich bin nicht fehlerfrei, aber ich bin lebendig. Mich kann man gerne kritisieren; ich lasse mich auch gerne berühren. Das zeigt mir auf, wo meine Schwachstellen sind. Ich fürchte sie nicht und bin dankbar, wenn jemand neue Aspekte meines Seins aufzuzeigen vermag. Ich empfinde es nie als herabwürdigend, sondern als wertvoll und unterstützend. O.k. ich gebe es zu, manchmal ärgere ich mich schon ein wenig, aber dennoch bin ich mir im Klaren – und das erst recht, wenn ich mich ärgere – dass es da etwas gibt, wo ich noch genauer hinschauen will. Meine Liebe wird dadurch jedoch nicht tangiert. Egal ob ich wütend, traurig oder fröhlich bin, die Liebe bleibt. Ich liebe einfach weiter. Die Liebe ist weit jenseits jener Ebenen, welche ‚Bruno persönlich' betreffen und vom eigenen Kurs ablenken könnten. Liebe ist unerreichbar für alles, was nicht Liebe ist. Ebenso wie das Licht, nimmt sie Schattenhaftes in sich auf und verwandelt es in sich selbst. Das ist wahre Integration. Kein Kampf findet statt: Schatten wird von Licht verwandelt. Nun weißt Du hoffentlich, weshalb ich mit Dir in Berührung kommen will... Je nachdem, wer lichtvoller ist – Du oder ich – wird der eine dem anderen helfen noch lichtvoller zu werden als bisher. Das ist ein wundervolles Geschenk. Lasst es uns doch alle untereinander verschenken! Auch das würde zu einer Revolution führen, zu einer Herzensrevolution der Liebe. Dafür bin ich zwar nicht bereit zu sterben, aber zu leben!

Ich halte nichts davon, wenn Menschen als Helden sterben, mich beeindrucken die, welche heldenhaft leben. Denn oft sind jene, die eines heldenhaften Todes starben, bloß zu feige gewesen um wegzulaufen. Auf dem Weg, den ich propagiere, muss man auch den Mut zur Schwäche aufbringen! Wer nicht schwach sein kann, kann auch nicht stark sein. Wer sich zu groß für kleine Aufgaben fühlt, wird zu klein für die großen Dinge des Lebens sein. Wer den einzelnen Grashalm nicht zu achten vermag, ist auch nicht in der Lage, die Wiese zu schätzen. Nur wer sich selbst nicht zu schade ist, den ersten Schritt zu tun, darf erwarten, dass andere es ihm gleichtun. Es jemandem gleichtun ist nicht gleichbedeutend mit: jemandem nachfolgen. Ich suche keine Nachfolger, ich brauche Gefährten. Nur ein Ego liebt es, Anhänger zu haben. Die Seele aber weiß, dass alles und jeder, der / die einem anhängt, bald zu einer Belastung wird. Und wie es die Bezeichnung ‚Nachfolger' ebenfalls offenbart, ist dies kein Kompliment für den Anführer, sondern eine Gefahr. Denn Nachfolger wollen Deinen Job haben. Sie wollen Dir nicht wirklich nachfolgen, sondern streben Deine Nachfolge an. Es ist ja gut, dass man einige Zeit in den Fußstapfen eines Begleiters wandert. Aber man sollte vorsichtig genug sein, zu merken, wann es an der Zeit ist, seine eigenen Spuren zu hinterlassen. Ansonsten kann es sein, dass Du nicht Dein Ziel erreichst, sondern das von jenem, welchem Du nachgefolgt bist. Die Schöpfung hat für einen jeden von uns einen eigenen Weg zum Ziel vorbereitet. Diesen gilt es zu finden und zu gehen, denn es ist der einzige, für Dich mögliche und stimmige Weg. Es könnte sein, dass Du nun an einer Kreuzung angelangt bist wo es angezeigt scheint, Deinen Weg zu überdenken und Dich neu zu orientieren. Lass mich also Dein Wegweiser sein, geh ein Stück Deines Weges mit mir, wenn Du willst, teile Dich mit mir und erlaube mir, Dein Gefährte sein zu dürfen. Das ist meine Sehnsucht. Ich werde Dich nicht festhalten, wenn es Dich weiterzieht, aber ich werde Dich fortschicken, wenn Du zur gegebenen Zeit nicht weitergehst! Das ist Revolution, das ist Spiritualität und das ist ehrlich. Und so kann ich sagen, dass ich Dich liebe, obwohl ich Dich nicht persönlich kenne. Aber so ist es. Denn im Auge des Geistes sind wir eins. Innerhalb des Lichtes existiert keine Trennung. Du und ich, da gibt es keinen Unterschied. Liebe ich Dich, dann liebe ich mich. Hasse ich Dich, dann hasse ich mich. Und was ich mit Dir tue, das tue ich mit Gott und da das Universum die Projektionsfläche meines Bewusstseins ist, wird es mir genau das spiegeln. Somit entscheidet also jeder von uns selbst, wie sein Leben verläuft und wann oder ob er sein Ziel erreicht. Doch, eines ist absolut sicher: Nur jene Pfeile verfehlen ihr Ziel, die gar nicht erst abgeschossen werden. Jeder, der sich aufmacht auf den Weg, ist bereits am Ziel. Willkommen.

SCHLUSSWORT

So, nun liegt es also an Dir, die Re-Evolution zu beginnen. Ich begleite Dich gerne und wir könnten zudem noch viel Spaß miteinander haben, denn ein großartiges und großes Team wartet auf Dich. Wie dem aber auch sei, auf jeden Fall hoffe ich, Dir mit meinen diversen Statements einige Denkanstöße gegeben zu haben. Ich hoffe und wünsche Dir, dass Du glücklich und erfolgreich Deinen weiteren Weg beschreiten kannst. Wo auch immer Du bist, in welcher Lage Du Dich auch immer befindest und wohin auch immer Du gehst, wisse: Es gibt einen Weg Deine Vision zu verwirklichen. Räumlich und menschlich mögen wir ja weit von einander getrennt scheinen, aber innerlich, seelisch-geistig sind und bleiben wir stets verbunden. ‚Der Raum, der Dich umgibt und uns scheinbar voneinander trennt, ist derselbe, welcher uns auch verbindet!' Du bist also nie wirklich auf Dich alleine gestellt. Denk immer daran, dass es viele Gefährten gibt, überall auf der Welt, welche diesen Weg mit Dir teilen.

Ich danke Dir für Deine Aufmerksamkeit und wünsche Dir, dass sich das Licht Deines Herzen vollends in Dich ergießt. Es möge Dich durchfluten, heilen, reinigen und erleuchten, auf dass Du zu einem Leuchtturm für die Menschheit wirst und einem Rufer in der Wüste gleich, niemals verzagst oder aufgibst.

Einerlei, wohin Du gehst oder was auch immer Du zu tun gedenkst, tue es einfach von ganzem Herzen und der Erfolg wird mit Sicherheit nicht ausbleiben. Das will ich Dir versichern.

INFORMATIONEN

- Berufung - Erfolg
- Beziehung - Familie
- Umgang mit Emotionen
  Zorn, Wut, Agression, Depression
  Angst
- Sucht

Bruno Würtenberger

Spirituelle Schule Schweiz
FREE SPIRIT
Wermatswilerstrasse 48
CH-8610 Uster

Telefon:
CH- (0)44 951 04 05

Fax:
CH- (0)44 951 18 00

www.

- **freespiritinfo.com**
- **new-peace.com**
- **bt-visiontrade.com**
- **groovingspirit.com**
- **spirituelleschuleschweiz.ch**

Weitere Produkte:

Das FREE SPIRIT Buch !

Band 1 dieser Reihe führt schon beim Lesen zur Transformation. Provokativ, tiefgründig, spannend, unterhaltsam und informativ.

SEIN IM ZENTRUM DER MITTE

Dieses Buch berührt das Innerste der Essenz spiritueller Weisheit. Es ebnet dem verständigen Schüler und Mystiker den Weg in eine neue Dimension. Selten wurden fundamentale Weisheiten solchermaßen deutlich bezeichnet.

KLARTEXT - Hörbuch

Auszüge aus „KLARTEXT", dem Buch von Bruno P. Würtenberger selbst gelesen und untermalt von Mosaros Herzensmusik. Ideal für unterwegs und im Auto.

FREE SPIRIT
Pop- und Meditationsmusik

Eine Spirit-Pop-Musik-Doppel-CD mit inspirierenden Texten von Bruno P. Würtenberger und Musik des „World Music Award" Preisträgers Michael Mosaro Scheickl.

PEACE 4 YOU
Spirit-Pop im Doppelpack

Die zwei erfolgreichenen Erstlingswerke von Bruno und Mosaro erstmals im Doppelpack. Feinster Pop mit unaufdringlicher, fetziger und auch träumerischer spiritueller Musik sowie tollem Groove und guten Texten. Absolut Chartverdächtig! *Deutsch/Englisch*

ACTIVITY TO SILENCE

"ACTS"

Endlich wieder einmal eine geniale Scheibe für alle, die aktive Meditation und Tanz begeistert ausüben und zudem auch einfach genial zum Tanzen und auch für stille Meditationen. Über 70 Min. purer Genuß!

Demnächst:

UNGLAUBLICH ABER WAHR

Fakten darüber, wie die Menschheit belogen, betrogen manipuliert und vergiftet wird. Teil 1.

Ein ziemlich schockierendes Buch!

IM SCHATTEN DER LIEBE

HELDENDUFT

DAS INTERVIEW

KLARTEXT NEU

Völlig neu überarbeitete Auflage des Bestsellers „KLARTEXT" mit neuen, originellen Zeichnungen - eine kleine Überraschung für alle Bruno Purusha Würtenberger-Kenner.